TANJA BRAUNE

DAS CHIA-KOCHBUCH

Bildnachweis:
Cover: Shutterstock, Dreamstime
Autorenfoto: Martin Vukovits
Fotolia.com: S. 1-128, 8, 9, 20, 23, 24, 61, 98, 101, 103, 109, 110, 113, 125
Istock.com: S. 10, 25, 29, 31, 39, 44, 51, 59, 67, 79, 104, 117
Dreamstime.com: S. 33, 37, 43, 47, 69, 72, 73, 75, 77, 80, 83, 84, 89, 92, 95, 97, 107, 115, 118, 121
Shutterstock: S. 5, 17, 19, 26, 41, 55, 71, 87, 91, 127
Bodleian Libraries – the Treasures of the Bodleian exhibition, Oxford: S. 7

ISBN 978-3-7088-0661-7

Copyright Kneipp-Verlag GmbH und Co KG
A-1010 Wien, Lobkowitzplatz 1
www.kneippverlag.com
Autorin: Tanja Braune
Lektorat: Marion Mauthe
Cover: Oskar Kubinecz
Grafik: Oskar Kubinecz
Druck und Bindung: FINIDR, s.r.o

Printed in the EU

1. Auflage, September 2015

TANJA BRAUNE

DAS CHIA-KOCHBUCH

100 REZEPTE
MIT DEM SUPERFOOD

kneipp verlag
WIEN

INHALT

WENN GESUND
SO EINFACH IST

Ich bin wahrscheinlich hunderte Male an Chia vorbeigegangen – ich hab's nie gesehen und hätte ich es gesehen, wahrscheinlich nur mit Mohn verwechselt. Doch dann kam die Superfood-Zeit und jede Woche tauchten neue Gesundheitswunder auf. Erst waren's „nur" die heimischen Super-Koryphäen wie Beeren oder Kohl, schließlich kamen immer exotischere (Wieder-)Entdeckungen ins Super-Spiel. Auch ich saß damals in unseren Redaktionssitzungen und brachte immer wieder News aus der großen Superfood-Family und recherchierte auch für unser Magazin „Leben" darüber: von der Cranberry zur Gojibeere, dann Algen, Acai, Mangostane, Matcha, Hanf und schließlich Chia.

Meine Marmeladen-Leidenschaft war dann der letzte Schritt zum Fan. Eines Sonntags war das Marmeladenglas leer, also versuchte ich es: Ich pürierte Beeren, mischte Chia darunter, stellte sie in den Kühlschrank und ging mit dem Hund eine Gassirunde. Als ich nach Hause kam, war die Marmelade fertig. Diese Marmeladen gehören bei uns daheim mittlerweile zum Standard, auch Chia-Pudding und -Porridge – na ja, eigentlich streue ich Chia fast überall drüber. Weil's so gesund ist, aber natürlich auch, weil gesund damit so einfach ist.

Viel Spaß beim Nachkochen und viel Freude beim Genießen wünscht Ihnen
Ihre

DIE WUNDERSAMEN DER AZTEKEN

Chia war schon um 3500 v. Chr. das Superfood schlechthin. Die Pflanze *(Salvia hispanica L.)* gehört zu den Lippenblütengewächsen *(Lamiaceae)* und wurde als Grundnahrungsmittel schon lange vor der spanischen Kolonisierung zur Zeit der blühenden Hochkulturen rund um Mayas, Nahua (Azteken, Tlaxcalteken und Tolteken), Inkas & Co in nahezu ganz Mittelamerika angebaut. Vor allem die Azteken kultivierten es auf Feldern oder auf Chinampas, ihren schwimmenden Gärten. Chia war auch Symbol des Lebens und Geschenk der Götter, das die Menschen mit mystischen und übernatürlichen Kräften versorgte. Es wurde täglich gegessen: in Broten, in Getränken – oder als Brei (atolli), denn meist wurde es zu Mehl gemahlen und mit Mehl aus anderen Getreidesorten und Wasser angerührt. Mit Chia-Blättern wurden Spitäler ausgeräuchert, wurde ein Aufguss für Dampfbäder (temazcal) gefertigt und gegen Infektionen auf Wunden aller Art gelegt. Der tepati (aztekischer Arzt) verschrieb Chia bei Fieber, Magen-, Darm-, Lungen- und Atemwegsproblemen und für eine schnellere Geburt. Aztekische Frauen verwendeten es als Beauty-Elixier und Chia-Öl diente den Künstlern, um die Farben ihrer Malereien haltbar zu machen – mit Erfolg: So wurden etwa die farbigen Illustrationen des Codex Florentinus im 16. Jh. mit Chia-Öl konserviert und erstrahlen noch heute in voller Farbenpracht (zu sehen in der Biblioteca Medicea Laurenziana, Florenz). Für die Krieger war Chia vor allem Überlebensmahlzeit auf Reisen, auf der Jagd und beim Kampf. Bevor sie in den Krieg zogen, stärkten sie sich mit Chia-Gel, als Proviant hängten sie sich Stoffbeutel voller Chia an die Gürtel. Die Boten liefen – nur mit Chia im Gepäck – angeblich hunderte Kilometer weit. Chia war der Wundersamen schlechthin für die Azteken.

Als Christoph Columbus 1492 in Amerika landete und bald darauf die brutale Conquista begann, wurde Chia als Kern der aztekischen Ernährungsgrundlage vernichtet. Zudem wurde Chia auch für viele religiöse Zeremonien verwendet und diente als Opfergabe, die sie vor die Füße ihrer Götterfiguren legten. Das war der Kirche ein teuflischer Dorn im christlichen Auge und so wurde die Zerstörung der Götterfiguren und aller Schriftrollen angeordnet. Der Rest ist brutale Geschichte – die Hochkulturen samt Chia verschwanden im Nebel der Zeit.

> Das Wort Chia wird aus der Aztekensprache Náhuatl von „Chian" abgeleitet, was so viel wie ölig oder kräftig bedeutet. Die Spanier machten daraus chia. Chiapas, der heutige Bundesstaat im Südosten Mexikos, bedeutet auf Náhuatl so viel wie „der Platz, wo Chia wächst".

Diese Seite des Codex Mendoza, eine 1541/42 von Antonio de Mendoza für Karl V. angefertigte Bildschrift über die Azteken (zu sehen in der Bodleian Library, Bibliothek der Universität Oxford) zeigt die Tributzahlungen der Provinz Petacalco an die Hauptstadt Tenochtitlan. Neben Kriegsuniformen ist auch eine Kiste Chia (unten links) zu sehen. Von den einzelnen Provinzen bekam die Hauptstadt jährlich an die 5000 Tonnen Chia.

DAS GROSSE COMEBACK

Trotzdem wuchs die Pflanze weiter, nicht nur in ihrer Heimat, sondern bald auch in Spanien. Die wissenschaftliche Bezeichnung Salvia hispanica L. beruht auf einem Fehler des Botanikers Carl von Linné (1707–1778), der zwar richtig erkannte, dass es sich um eine Salvia handelte, sie aber als ursprünglich spanisch (hispanica, lat. für Spanien) einstufte. Dennoch geriet Chia immer mehr in Vergessenheit, wuchs fast unbeachtet in den Weiten Mexikos und lebt nur in der Tradition mancher Ureinwohner weiter. Es war „fünf vor zwölf" für Chia, so schreiben Ricardo Ayerza und Wayne Coates in ihrem Standardwerk „Chia, Rediscovering a Forgotten Crop of the Aztecs" (Arizona-Press).

Erst der Gesundheitsboom der 1960er Jahre verhalf den Samen wieder zu einer kleinen Bekanntheit, doch erst Cirildo Chacarito ist es zu verdanken, dass Chia über die Schwellen der Reformläden hinaus bekannt wurde. 1997 lief der 52-jährige Tarahumara-Indio einen 100-Meilen-Lauf in Kalifornien – für diese 160 Kilometer über mehr als 3000 Höhenmeter brauchte er 19 Stunden und 37 Minuten. Er war seinen Mitläufern um eine halbe Stunde überlegen. An den Füßen trug er selbstgebastelte Schuhe aus alten Reifen und an seinem Gürtel hingen kleine Stoffsäckchen. Nach seinem Erfolgsgeheimnis gefragt, sagte Cirildo, dass er einfach nur Chia essen würde. Neugierig machte sich daraufhin der US-Journalist Christopher McDougall auf die abenteuerliche Reise in den Copper Canyon in Mexiko zum Volk der Tarahumara, dem sagenumwobenen Stamm von Superathleten. McDougall lernte deren

Lauf-Technik und Einstellung zum Laufen sowie das Geheimnis ihrer Ausdauer kennen: Sie rösten die Chia-Samen, mahlen sie zu Mehl und mischen sie nach altem Rezept mit Wasser – dieses Sport-Gel essen sie vor und während ihrer Läufe. Aus seinen Recherchen entstand der Bestseller „Born to Run" (auf Deutsch beim Karl-Blessing-Verlag erschienen) und aus den alten Azteken-Samen Chia wurde trendiges Superfood. Heute gibt es nicht nur tausende Studien und etliche Bücher über Chia, sondern die Samen werden mittlerweile auch in jedem Supermarkt angeboten und in einigen Restaurants kredenzt.

DIE PFLANZE

Die Chia-Pflanze sieht aus wie ein Mix aus Salbei und Minze und mit beiden ist sie auch verwandt. Das einjährige, widerstandsfähige Kraut kann bis zu zwei Meter hoch wachsen und gedeiht besonders gut in trockenen und kargen Böden, Sandböden und Steingärten – Trockenperioden mag es, Staunässe und Frost nicht. Im September blüht Chia hellblau, purpur oder weiß. Verwendet werden die etwa einen Millimeter großen, glänzenden, gräulichen,

> Chia würde von der US-Lebensmittelüberwachungsbehörde Food and Drug Administration (FDA) als sicher für den menschlichen Verzehr eingestuft. In der EU gilt Chia als Novel Food und ist seit 2009 für Broterzeugnisse und seit 2013 auch für Backwaren, Frühstückscerealien und Nussmischungen zugelassen. Die offiziell empfohlene Höchstverzehrmenge liegt derzeit bei 15 g täglich – die meisten Chia-Fans essen aber viel mehr.

schwarzen oder weißen Schließfrüchte oder Samenkapseln (Achtung: Braune oder rötliche Samen sind unreif, schmecken bitter und enthalten weniger Nährstoffe). Aber ob Weiß oder Schwarz, hier ist das Nährstoff-Profil nahezu ident, allerdings sind die weißen Samen etwas beliebter – und auch teurer –, weil sie die Farbe der Speisen nicht verändern. Wild und richtig üppig gedeiht Chia nur im warmen Süden, doch auch hierzulande wächst die Pflanze gut.

KEIMLINGE UND SPROSSEN

Wie jeder Samen kann auch Chia im Keimgerät keimen. Bei Kontakt mit Wasser entsteht das Gel. Aber lassen Sie sich davon nicht beeinflussen, die Samen keimen trotzdem. Wichtig ist, dass regelmäßig gespült wird. Schon nach zwei Tagen sprießen die Samen. Sie schmecken ähnlich wie Alfalfa, aber nicht ganz so intensiv. Gesundheitsplus: Beim Keimen potenzieren sich die Nährstoffe. So haben Studien gezeigt, dass sich etwa der ORAC-Wert und der Omega-3-Gehalt um das Dreifache erhöhen. Die Keime kann man auch zu Sprossen weiter ziehen, dann haben sie einen mild-pfeffrigen Geschmack und können ähnlich wie Kresse verwendet werden. Keime und Sprossen verfeinern Salate, passen zu Tomaten, Kartoffeln, Frischkäse, Smoothies und vielem mehr.

AUFZUCHT ZU HAUSE

Am besten gedeihen Chia-Pflanzen, wenn sie im Haus vorgezogen werden. Dafür die Samen einzeln mit etwa zwei Zentimeter Abstand in einen Topf setzen, mit wenig Erde bedecken, gießen und die nächsten Tage feucht halten – Staunässe vermeiden. Wenn die Pflänzchen fünf bis sieben Zentimeter groß sind, können sie nach den Eisheiligen in den Garten übersiedeln. Entweder ins Beet (sonnig bis halbschattig) oder in den Kübel. Wenn man die oberen Triebe immer wieder schneidet, wird die Pflanze buschiger. Im September blühen die Pflanzen, ab Oktober kann man ihre Samen ernten – wobei in unseren Breiten die Samen viel kleiner ausfallen. Aussehen und Geschmack der Blätter erinnern an Salbei mit einem Hauch Minz-Aroma – sie können ebenso verwendet werden. Frisch geerntet schmecken die jungen Blätter besonders gut als Kräuterbeilage zu Salaten, als Pesto oder in Quarkaufstrichen. Mit den getrockneten Blättern lässt sich ein guter Tee gegen Halsschmerzen aufbrühen.

WAS IST DRAN: SO HILFT CHIA DER GESUNDHEIT

Chia gilt zu Recht als essbarer Superlativ. Die Samen enthalten extrem viele Nährstoffe und sind sehr reich an genau jenen Vitalstoffen, die unserer heutigen Nahrung im Allgemeinen fehlen. Chia ist nicht nur eine der reichhaltigsten Quellen für Omega-3-Fettsäuren und Ballaststoffe, sondern liefert auch alle essenziellen Aminosäuren, Vitamine und Mineralstoffe und eine geballte Ladung Antioxidantien. Das ist der Grund, warum Chia dem Organismus auf vielfältige Weise Energie liefern und ihn gesund erhalten kann. Die Samen fördern zudem die Ausdauer, und Heißhunger-Attacken bleiben aus.

Die Tabelle zeigt nur die wichtigsten Nährstoffe der Samen und Vergleiche zu gängigen Nahrungsmitteln. Doch bei allen diesen Vergleichstabellen ist wichtig zu beachten, dass es sich bei Chia nicht um ein Pulverkonzentrat wie etwa Moringapulver, denaturiertes Functional Food oder eine Nahrungsergänzung handelt. Denn die Samen sind ein vollständiges Lebensmittel, das gegessen wird, genau so wie es in der Natur auch vorkommt.

> Chia-Mehl ist glutenfrei und somit auch bei Zöliakie (Glutenunverträglichkeit) bekömmlich. Und Chia hat, laut Gutachten der European Food Safety Authority (EFSA), keinerlei Allergie-Potenzial. Aber natürlich kann auch das gesündeste Lebensmittel Reaktionen auslösen. Chia gehört botanisch zur Familie der Lippenblütler und ist mit Salbei, Rosmarin, Thymian oder Minze verwandt. Wer diese Pflanzen nicht verträgt, könnte auch auf Chia allergisch reagieren.

NÄHRWERT-TABELLE (pro 15 g Chia-Samen = ca. 1 gehäufter EL)

Nährstoffe gesamt	Nährstoffe Detail	Menge	Vergleich pro 15 g
Energie		73 kcal/ 305 Joule	
Ballaststoffe		5,1 g	Leinsamen ca. 3,1 g
Kohlenhydrate		6,2 g	
Fettsäuren, gesamt		4,5 g	
	Gesättigte Fettsäuren	0,4 g	
	Einfach ungesättigte Fettsäuren	0,3 g	
	Mehrfach ungesättigte Fettsäuren	3,5 g	
Omega-Fettsäuren			
	Omega-3	3 g	100 g (!) Zuchtlachs ca. 1,8 g Leinsamen 2,5 g
	Omega-6	1 g	
	Omega-9	0,3 g	
Proteine, gesamt		**2,2 g**	
	Tryptophan	65 mg	echtes Kakaopulver ca. 43 mg
	Threonin	106 mg	Tunfisch ca. 140 mg
	Isoleucin	120 mg	Parmesan ca. 285 mg
	Leucin	205 mg	Parmesan ca. 525 mg
	Lysin	145 mg	Gouda ca. 418 mg
	Methionin	88 mg	Heilbutt ca. 120 mg
	Cystein	61 mg	
	Phenylalanin	152 mg	Erdnüsse ca. 200 mg
	Tyrosin	84 mg	
	Valin	142 mg	Parmesan ca. 375 mg
	Arginin	321 mg	Mandeln ca. 105 mg
	Histidin	79 mg	getrocknete Weizenkeime ca. 95 mg
	Alanin	156 mg	
	Asparaginsäure	253 mg	
	Glutaminsäure	525 mg	
	Glycin	141 mg	
	Prolin	116 mg	
	Serin	157 mg	
Vitamine			
	Vitamin A	8,1 I. E.	Karotten ca. 0,9 I. E. (300 µg)
	Vitamin C	15 mg	
	Vitamin E	4,5 mg	
	Vitamin B12	15 µg	
	Niacin	1,3 mg	Hühnerleber ca. 1,3 mg
	Folsäure	7,3 µg	
Mineralstoffe und Spurenelemente			
	Kalzium	95 mg	Vollmilch ca. 18 mg
	Eisen	1,2 mg	Spinat 0,6 mg
	Magnesium	50,2 mg	Linsen 15 mg
	Phosphor	129 mg	Vollkorn 45 mg
	Kalium	85 mg	Bananen 40 mg
	Zink	0,7 mg	
	Kupfer	0,2 mg	
	Mangan	0,4 mg	
	Molybdän	35 µg	
	Selen	8,3 µg	
	Chrom	1,9 µg	Mandeln 1,8 µg
Oxygen Radical Absorption Capacity (ORAC)		7000 µmolTE/100g	getrocknete Heidelbeeren ca. 6000 µmolTE/100g

Quellen: United States Department of Agriculture, www.azchia.com, www.vitalstoff-lexikon.de, www.orac-info-portal.de, www.sachia.de, NSRI Research

OMEGA 3 – DIE KÖNIGIN DER FETTE

Chia-Samen sind möglicherweise die wertvollste Quelle von gesunden Fetten. Sie bestehen zu rund 30 Prozent aus gesunden Fettsäuren, davon sind fast zwei Drittel Omega-3-Fettsäuren. Diese Fettsäuren sind für unseren Stoffwechsel lebensnotwendig, sprich essenziell, das heißt, sie können nur sehr begrenzt von unserem Organismus produziert werden. Diese Lipide kommen in manchen Landpflanzen als Alpha-Linolsäure (ALA) und in Meeresfischen und -früchten als die Eicosapentaensäure (EPA) und die Docosahexaensäure (DHA) vor. Es handelt sich dabei um lange Kohlenstoffketten, die in unserem Stoffwechsel enzymatisch zerlegt und zu unterschiedlichen Botenstoffen aufbereitet werden. Sie haben so die unterschiedlichsten Wirkungen:

> **Das Geheimnis der 100-Jährigen:** In einigen Regionen der Welt werden Menschen überdurchschnittlich alt. Etwa auf Sardinien, im süditalienischen Bergdorf Campodimele oder die Hunza in Pakistan.
> Die WHO und viele andere Forscher versuchen seit Jahrzehnten, das Geheimnis der Hundertjährigen zu erforschen. Was auch immer es ist: Allen gemein ist auf alle Fälle ein auffällig hoher Gehalt an Omega-3-Fettsäuren im Blut.

... AUF DAS HERZ

Die Fettbestandteile verbessern die Fließeigenschaft des Blutes, ihre Abbauprodukte wirken entzündungshemmend. Zudem senken sie den Triglyzeridspiegel und haben langfristig positive Auswirkungen auf den Blutcholesterinspiegel. Außerdem konnten wissenschaftliche Forschungen belegen, dass die Omega-3-Fettsäuren erhöhten Blutdruck senken und sogar Herzrhythmusstörungen positiv beeinflussen können.

... AUF CHRONISCHE ENTZÜNDUNGEN

Von der Sehnenscheidenentzündung über Parodontitis bis hin zur Gicht – Omega-3-Fettsäuren wirken Entzündungen aller Art entgegen und sind einer der wichtigsten Eckpfeiler einer antientzündlichen Ernährung. Sogar bei chronischen Erkrankungen, unter anderem Schuppenflechte (Psoriasis), Gelenkrheumatismus und entzündliche Darmerkrankungen wie Morbus Crohn, sind Omega-3-Fettsäuren sehr hilfreich. Natürlich ersetzen sie keinesfalls Medikamente, doch sie können dazu beitragen, die Medikamentendosis und damit mögliche Nebenwirkungen zu verringern.

> Omega-3 kann Arthritis nicht nur von innen verbessern. Ein Umschlag mit Chia-Gel schafft Erleichterung bei schmerzenden Gelenken und Morgensteifheit. Auch ein starker Sud aus Chia-Blatt kann schmerzenden Gelenken guttun. Bei Parodontitis kann zusätzlich zur Omega-3-reichen Ernährung auch helfen, wenn man täglich mit Chia-Gel das Zahnfleisch spült.

... AUF DIE AUGEN

Omega-3 ist in den ersten Lebensmonaten für die Entwicklung der Sehschärfe mitverantwortlich. Aber klinische Studien zeigen auch, dass die Fettsäuren das Risiko einer altersbedingten Makuladegeneration (AMD) und trockener Augen (Sicca-Syndrom) verhindern kann.

... AUF DAS GEHIRN

Verschiedene psychische Krankheiten könnten, so aktuelle Forschungen, mit einer schlechten Versorgung mit Omega-3-Fettsäuren in Verbindung stehen. So wurde beobachtet, dass bei Depressionen, Demenz, Alzheimer und Aufmerksamkeitsstörungen (z. B. ADHS und Autismus) eine verbesserte Versorgung mit Omega-3-Fettsäuren positiv wirken kann.

... AUF DIE ATMUNGSORGANE

Eine ausreichende Zufuhr von Omega-3 kann auch die Symptome von Asthma verringern. Eine aktuelle Studie zeigt, dass die entzündungshemmende Wirkung der Fettsäure auch Asthma verbessern kann.

Die European Food Safety Authority (EFSA) empfiehlt zur Gesunderhaltung die tägliche Zufuhr von mindestens 2,3 g Omega-3-Fettsäuren. Doch österreichische Erwachsene nehmen im Durchschnitt 1,2 g ALA zu sich – diese Daten dürften europaweit nicht anders aussehen. Das Problem: Wir nehmen nicht nur zu wenig Omega-3, sondern gleichzeitig zu viel des Gegenspielers Omega-6 zu uns, der aber chronische Leiden wie Entzündungen oder verengte Gefäße verursachen kann. Die Deutsche Gesellschaft für Ernährung (DGE) empfiehlt ein Verhältnis von Omega-6- zu Omega-3-Fettsäuren von höchstens 5 zu 1 – doch in der Realität essen wir rund 20-mal mehr Omega-6 als Omega-3. Dieses Ungleichgewicht macht nicht nur müde und dick, sondern auch krank, und geht mit der Gefahr von Allergien, Entzündungen, Herz-Kreislauf-Erkrankungen, Demenz und Alzheimer, Krebs, Aufmerksamkeitsdefiziten, Diabetes, Darmentzündungen, Candida-Befall etc. einher. Chia-Samen können natürlich nicht das Omega-6 reduzieren, aber nur ein Esslöffel liefert um die 3 g Omega-3 und kann somit das Verhältnis ein wenig in Richtung Gesundheit ausbalancieren.

OB LÖSLICH ODER NICHT: GESUNDE BALLASTSTOFFE

Ballaststoffe sind äußerst nützliche Faserstoffe, die fast ausschließlich in pflanzlichen Nahrungsmitteln vorkommen. Sie sind lebensnotwendig und wirken im Körper sehr unterschiedlich. Grundsätzlich bewirken sie, dass die Nahrung länger und besser gekaut werden muss. Sie füllen den Magen und wirken dadurch sättigend, lassen den Blutzucker langsamer ansteigen und sorgen für eine gute Verdauung. Zudem binden Ballaststoffe Gallensäuren, senken damit den Cholesterinspiegel und hemmen die fettspaltenden Enyzme, wodurch weniger Fett aus der Nahrung aufgenommen werden kann. Die unlöslichen Ballaststoffe gleiten sanft durch unser Verdauungssystem und nehmen Darmgifte wie ein Löschpapier auf. Ernährungsexperten gehen davon aus, dass eine ballaststoffreiche Ernährung das Risiko für viele Zivilisationserkrankungen reduzieren oder sogar vermeiden kann: Verstopfung (Obstipation), Divertikulose, Hämorrhoiden, Gallensteine, Dickdarmkrebs, Diabetes mellitus Typ II, erhöhte Blutfettwerte, Arteriosklerose, Adipostias und Übergewicht. Außerdem helfen die Ballaststoffe beim Abnehmen und Gewichthalten – auch weil ballaststoffreiche Speisen bei gleichem Volumen eine geringere Energiedichte haben als ballaststoffarmes Essen. Laut offiziellen Empfehlungen der DGE sollten wir 30 g Ballaststoffe pro Tag essen, doch die Ernährungsberichte zeigen, dass wir mit durchschnittlich weniger als 20 g Ballaststoffen am Tag weit entfernt vom Ziel sind.

> Segen für Diabetiker: Wissenschaftler des St. Michael's Hospital in Toronto stellten fest, dass der systolische Blutdruck und die Entzündungsmarker bei Typ-2-Diabetikern im Vergleich zur Kontrollgruppe durch die Aufnahme von zweieinhalb Löffeln Chia-Samen pro Tag signifikant reduziert werden konnten.

Es gibt wasserlösliche und -unlösliche Ballaststoffe – beide Arten sind wichtig, wobei ernährungsphysiologisch die wasserunlöslichen Fasern den größeren Anteil bilden sollten. Wasserlösliche Ballaststoffe wie Pektine und Inulin kommen vor allem in Obst und Gemüse vor. Wasserunlösliche Ballaststoffe wie Zellulose sind vorwiegend in Getreide und Hülsenfrüchten enthalten. Beide Arten kommen in Chia-Samen vor: Ein gehäufter Esslöffel (ca. 15 g) enthält 5 g Ballaststoffe – wobei fast 90 Prozent wasserunlöslich sind.

AMINOSÄUREN: BAUSTEINE DES LEBENS

Proteine sind die Grundlage aller Lebensvorgänge. Aus den 20 Aminosäuren bildet der Organismus tausende verschiedener Protein-Strukturen, die das Gerüst des Körpers und Bestandteil fast aller Organe sowie an jedem Stoffwechselvorgang maßgeblich beteiligt sind. Ohne Aminosäuren gibt es kein Leben. Sobald eine Aminosäure im Körper fehlt, wird die Funktion aller Proteine beeinträchtigt. Ein Mangel kann auf Dauer schwerwiegende Folgen für die Gesundheit haben und beispielsweise zu erhöhter Infekt-Anfälligkeit, Leistungsabfall, Müdigkeit und Antriebslosigkeit, Gelenkbeschwerden, Entzündungen, Allergien, Muskelschwäche, Übergewicht, Diabetes oder Depressionen führen.

Chia-Samen enthalten rund 20 Prozent Eiweiß und liefern ein vollständiges Aminosäuren-Profil, das heißt, sie enthalten alle unentbehrlichen Aminosäuren – und auch nahezu alle nicht essenziellen Aminosäuren. Zudem liegen diese in einem für den Körper besonders gut verwertbaren Verhältnis vor. Die biologische Wertigkeit der Chia-Proteine ist 115. Damit übertrifft Chia noch das Ei, das als Referenzwert für die biologische Wertigkeit von Eiweiß einen Wert von 100 hat.

VON ANTIOXIDANTIEN BIS VITAMINE

Die Samen liefern auch eine Fülle von Vitaminen, Mineralstoffen und Spurenelementen, was unter Getreide- und Ölsaaten selten ist. Bei den Vitaminen sind vor allem A, E und einige B-Vitamine von Bedeutung – doch insgesamt schneiden Chia-Samen hier nicht so überdurchschnittlich ab. Dafür bringt Chia bei den Mineralstoffen und Spurenelementen ordentlich etwas auf den Teller: vor allem Kalzium, Magnesium, Eisen, Kalium und Zink. So liefert Chia rund fünfmal mehr Kalzium als Milch, sorgt daher für starke Knochen und kann Osteoporose entgegenwirken – das enthaltene Bor unterstützt zusätzlich die Kalziumaufnahme. Chia ist auch eine gute Quelle für Phosphor, Kupfer, Selen, Mangan und Molybdän – zugleich aber sehr natriumarm.

Wirklich zum Superlativ zählen die Samen in Sachen Antioxidantien – mit einem ORAC-Wert von mindestens 7000 µmolTE/100 g haben sie eines der höchsten antioxidativen Potenziale bei unverarbeiteten Lebensmitteln. In Chia-Samen sind unter anderem Chlorogensäure, die hochpotente Kaffeesäure, Quercetin, Myricetin und Kaempferol nachgewiesen worden. Alle diese Pflanzenstoffe plus die antioxidativ wirkenden Vitamine bewahren einerseits die Fette im Chia-Samen davor zu oxidieren, sprich ranzig zu werden, und schützen anderseits unseren Körper vor freien Radikalen – und können so Krankheiten vorbeugen und den Altersprozess verlangsamen.

SUPERFOOD FÜR DIE SUPERFIGUR:
SO HILFT CHIA BEIM ABNEHMEN

Natürlich gibt es auch schon einige Erfolgsgeschichten rund ums Abnehmen mit Chia. Unter anderem erzählt Dr. Bob Arnot in seinem Bestseller „Die Azteken-Diät" (Goldmann-Verlag), wie er mit Chia zu seinem Wunschgewicht kam. Auch die fast 70-jährige Australier-in Maggie Faye berichtet auf www.chiaseedrecipes.com von ihren Diät-Erfolgen mit Chia. Aber wenn man sich die Inhaltsstoffe von Chia ansieht, ist es eigentlich gar kein Wunder, dass die kleinen Samen so gut wirken – denn sie liefern gleich mehrere Vorteile, die eine Diät wunderbar unterstützen können:

> • SATTMACHER. Die Samen absorbieren Flüssigkeit und dehnen sich bis zu ihrem zwölffachen Volumen aus. Das heißt, sie sorgen im Magen dafür, dass weniger Platz für die weitere Nahrungsaufnahme ist – dem Gehirn wird „satt" signalisiert. Dazu kommt, dass Chia langsam verdaut wird und so sehr lange satt macht. Eigentlich wie all die sogenannten Sättigungstabletten, nur ganz natürlich und gesund.

> • FETT MACHT FIT. Es ist nicht allein das Ungleichgewicht zwischen Omega-6- und Omega-3-Fettsäuren, das Übergewicht begünstigt. Im Moment gilt Omega-3 als Wunderwaffe gegen Übergewicht, viele Diäten empfehlen Fischöl-Kapseln als gesunde Unterstützung. Wissenschaftler der University of South Australia in Adelaide konnten erst kürzlich feststellen, dass ein Gewichtsverlust plus Körper-fettreduktion mit Omega-3 schneller geht.

> • EIWEISS-POWER. Dass Proteine eine Diät sehr gut unterstützen können, ist hinlänglich bekannt. Denn ob wir immer mehr Fett ansetzen oder schlank blei-ben, wird im Wesentlichen von den Hormonen bestimmt. Und hier liegt auch der Schlüssel zum Abnehmen: Aminosäuren regen den Organismus an, ausreichend schlank machende Hormone zu produzieren – zudem fördern sie den Muskelaufbau sowie den Stoffwechsel und wirken so der Fettspeicherung entgegen.

• **KEIN UNNÖTIGER BALLAST.** Ballaststoffe kurbeln den Stoffwechsel an, machen schnell und lange satt, halten Blutzucker- und Cholesterinspiegel in Schach, vergrößern das Volumen der Nahrung, regulieren und fördern die Verdauung. Somit sind sie ideal zum Abnehmen. Wichtig: Faserstoffe quellen im Magen und Darm auf und entziehen dem Verdauungssystem Wasser. Daher ist es wichtig, immer genügend zu trinken – nicht nur während einer Diät. Zusätzliches Plus: Ballaststoffe verhindern das Schwanken des Blutzuckerspiegels und damit Heißhunger-Attacken und Süß-Gusto.

• **FATBURNER KALZIUM.** Um Fett zu verbrennen, braucht der Körper auch Kalzium – hat er zu wenig davon, dann ist die Fettverbrennung gestört und anstatt das Fett abzubauen, lagert es der Körper für „schlechte Zeiten" ein.

• **MEHR ENERGIE.** Durch die Nährstoff-Dichte und die langsame Verdauung sorgt Chia auch für neue Energie – das macht Lust auf Bewegung und Sport, was beim Abnehmen ja unumgänglich ist. Heute setzen viele Sportler Chia als Brennstoff im Leistungs- und Freizeitsport ein. Der Grund: Chia ist hydrophil, absorbiert also jede Menge Wasser und wird im Magen zu einer gallertartigen Masse, die langsam Energie abgibt. Die Verdauung von Kohlenhydraten und damit die Umwandlung in Zucker wird verlangsamt – das heißt, einer Unterzuckerung und damit einem Leistungs-abfall (und auch Heißhunger) wird vorgebeugt. Das schützt vor Dehydrierung, sorgt für Ausdauer und verbessert die Regeneration. Übrigens: US-Wissenschaftler haben ein bekanntes Elektrolyt-Sportgetränk und Chia-Gel verglichen – das Ergebnis: Der Chia-Drink ist genauso effektiv.

WAS DIE AZTEKENFRAUEN SCHON WUSSTEN: CHIA ALS BEAUTYELIXIER

Was hierzulande gerade Food-Trend ist, erobert in den USA bereits die Beauty-Industrie. Chia-Öl heißt das Zauberwort, das aus den Chia-Samen gewonnen wird. Mit „Maya Chia" ist nun auch die erste Hautpflege-Linie auf dem Markt (www.mayachia.com), wobei zehn Prozent der Einnahmen an die Mayas in Zentralamerika gespendet werden. Das Beauty-Öl soll die Haut vor Trockenheit schützen, feine Falten reduzieren und für einen strahlenden Teint sorgen. Ein kleiner Tropfen kann auch in die tägliche Tagescreme gemengt werden. Das Öl fühlt sich extrem leicht auf der Haut an und zieht schnell ein.

Auch der US-amerikanische Dermatologe und Healthy-Aging-Experte Dr. Nicholas Perricone (www.perriconemd.com) ist großer Chia-Fan: „Chia-Öl hat für die Schönheit unglaubliche Vorteile. Es ist nicht nur wegen seiner Omega-3-Fettsäuren wertvoll, sondern auch stark entzündungshemmend, beruhigend und reich an Antioxidantien."

Aber natürlich muss man Chia-Öl nicht unbedingt in fertigen Kosmetikprodukten kaufen. Man kann auch ganz einfach mit Chia-Samen gute Pflegeprodukte selbst herstellen.

Zwischendurch-Tipp für weiche Lippen
Bleibt beim Kochen etwas Chia-Gel übrig? Dann cremen Sie Ihre Lippen damit ein, das macht raue Lippen schnell wunderbar kussweich.

HAUTSTRAFFENDES GESICHTSÖL

50 ml Macadamianussöl
10 ml Chia-Öl
2 Tropfen Teebaumöl
4 Tropfen Lavendelöl
1 Tropfen Manuka

Alle Zutaten vermischen und als Nachtpflege auf die Haut auftragen.

ANTI-AKNE-ÖL

40 ml Sesamöl
10 ml Chia-Öl
2 Tropfen Manuka
2 Tropfen Teebaumöl
5 Tropfen Lavendelöl

Alle Zutaten vermischen und als Nachtpflege auf die Haut auftragen.

MASKE FÜR FRISCHEN, STRAHLENDEN TEINT

½ reife Avocado
100 g Papaya
1 TL Chia-Gel
1 TL Honig
1 TL Eigelb

Papaya und Avocado fein pürieren und mit den anderen Zutaten vermengen. Anschließend auf das Gesicht auftragen und 20 Minuten einwirken lassen. Mit einem Kosmetiktuch abnehmen und Reste mit lauwarmem Wasser entfernen.

KICK-OFF-MASKE GEGEN FAHLE HAUT

5 TL Kaffeesatz
1 TL Manuka-Honig
2 TL Chia-Gel

Die Zutaten gut vermengen. Anschließend auf das Gesicht auftragen und 30 Minuten einwirken lassen. Vorsicht, die Maske sollte nicht in die Augen kommen. Beim Abnehmen die Maske mit warmem Wasser gut verreiben – der zusätzliche Peeling-Effekt regt die Durchblutung an und lässt die Haut noch wacher aussehen.

KLÄRENDES UND PFLEGENDES PEELING

125 ml Kokosöl
1 EL Zitronensaft
2 EL Chia-Samen

Alle Zutaten vermischen und fünf Minuten quellen lassen. Das Gesicht mit lauwarmem Wasser anfeuchten, das Chia-Peeling auftragen und sanft einmassieren – die Augenpartie aussparen. Fünf Minuten einwirken lassen und anschließend mit einem feuchten Waschlappen abwaschen.

MASKE GEGEN TROCKENE (WINTER-)HAUT

½ reife Avocado
1 EL Joghurt
1 EL Chia-Gel

Avocado mit einer Gabel quetschen und mit dem Joghurt und dem Chia-Gel vermengen. Auf das Gesicht auftragen und etwa 15 Minuten einwirken lassen, mit lauwarmem Wasser abspülen.

HANDPFLEGE

½ reife Avocado
1 Spritzer Zitronensaft
1 EL Chia-Gel
2 TL Chia-Öl

Alle Zutaten zu einer homogenen Pasta verrühren. Die Hände damit eincremen, dünne Einmal-Handschuhe darüberziehen und mindestens eine Stunde einwirken lassen. Danach sind die Hände samtweich und wunderbar gepflegt.

SOS-MASKE BEI GESTRESSTER HAUT

4 TL Aloe Vera Gel
1 TL Chia-Mehl
1 Tropfen Teebaum-Öl
2 Tropfen Lavendelöl

Alle Zutaten vermischen und ein paar Minuten durchziehen lassen. Auf das gesäuberte Gesicht auftragen und 15–30 Minuten einwirken lassen. Mit lauwarmem Wasser abspülen.
Ideale Pflege für unreine, großporige, sonnenstrapazierte und zu Couperose neigende Haut. Hilft – mehrmals täglich angewendet – auch gegen Lippenherpes, Pickel und Hautirritationen.

PFLEGENDES HAUTÖL
GEGEN ZELLULITE

3 EL Chia-Öl
3 Kapseln Vitamin E
4 Tropfen Zimtblätteröl

Das Chia-Öl in eine Schale geben. Die Kapseln aufbrechen und den Inhalt in das Öl einrühren. Dann das Zimtblätteröl beimengen und alles gründlich vermischen. Tragen Sie das Öl auf Ihre Problemzonen auf und massieren Sie es kräftig ein. Mindestens eine Stunde einwirken lassen und danach duschen.

Ruckzuck-Chia-Pflege
Mischen Sie einfach einen Teelöffel Chia-Gel in ihre gewohnten Gesichts- oder Haarpflegeprodukte.

GESICHTSPFLEGE FÜR REIFE HAUT

1 reifer Pfirsich
1 Banane
1 EL Chia-Gel
1 EL Chia-Öl

Die Früchte mit einer Gabel zerdrücken, das Chia-Gel unterrühren und mit dem Öl zu einer geschmeidigen Paste verrühren. Die Packung auf die gereinigte Gesichtshaut auftragen und 15 Minuten einwirken lassen. Mit einem Papiertuch abnehmen, nicht mehr nachcremen.

ÖL-SHAMPOO FÜR TROCKENES HAAR

Dieses Shampoo reinigt das Haar auf milde Weise, nährt und pflegt vor allem trockenes und strapaziertes Haar. Massieren Sie vor der Anwendung mit den Fingerspitzen etwas Olivenöl in die Kopfhaut ein.

2 EL Olivenöl, extra nativ
4 EL Chia-Mehl

Verrühren sie das Mehl und das Öl zu einer Paste – ist es zu dick, dann eventuell noch mit warmem Wasser verdünnen. Ein- bis zweimal das Haar damit shampoonieren und danach gut ausspülen.

AUS DER
CHIA-APOTHEKE

ERSTE HILFE GEGEN ENTZÜNDUNGEN

4 EL kolloidales Silber
1 EL Chia-Samen

Bereiten Sie aus den Zutaten ein Gel. Diese Creme sorgt für schnelle Heilung von Pickeln und Wunden aller Art, hilft gegen Entzündungen, kann Fieberblasen den Garaus machen und lässt die Haut samtweich heilen.

NAGELÖL

10 ml Olivenöl
5 ml Rizinusöl
5 ml Chia-Öl

Vermengen Sie die Öle und pflegen Sie damit einmal in der Woche ihre Nägel, Nagelhaut und -bett. Es macht sie samtweich und verhindert Entzündungen.

WENN'S JUCKT

Gegen Neurodermits, juckende, entzündete oder unreine Haut:

1 EL Chia-Öl
1 TL Kurkumapulver

Öl und Pulver miteinander vermischen und auf die befallenen Hautstellen auftragen. Mindestens eine halbe Stunde einwirken lassen, dann mit körperwarmem Wasser abwaschen und die Reste mit einem in Chia-Öl getränkten Wattebausch entfernen.

KATER-KILLER

Chia hilft auch gegen einen Hangover nach einer langen Nacht. Denn Chia liefert nicht nur viele wichtige Vitalstoffe, sondern verhindert auch die durch Alkohol bedingte Entwässerung. **Tipp:** Bereiten Sie sich auf eine heiße Nacht am besten mit einem Extra-Chia-Drink vor. Aber auch danach, also vor dem Zu-Bett-Gehen, ist ein Löffel Chia in einem Glas Wasser hilfreich.

1 EL frischer Ingwer, gerieben
1 TL Koriander-Samen,
frisch gemahlen
500 ml Wasser
1 EL Chia-Samen

Ingwer und Koriander-Samen überbrühen. 10 Minuten ziehen lassen, dann abseihen. Chia-Samen einrühren, nochmals 10 Minuten ziehen lassen. In kleinen Schlucken trinken.

MIT CHIA KOCHEN UND GENIESSEN

Chia-Samen haben einen milden, leicht nussigen Geschmack und können eigentlich unter alle Gerichte gemischt werden. Chia kann als Gel, als Mehl, als Sprossen, aber auch einfach pur verwendet werden und muss im Gegensatz zu fast allen anderen Samen nicht quellen, gewaschen, geschrotet oder gemahlen werden. Auch das Öl schmeckt sehr mild und dominiert – anders als Leinöl – nicht den Geschmack. Im Gegenteil: Chia nimmt den Geschmack der Umgebung auf und kann diesen sogar noch verstärken. Ein weiterer Vorteil gegenüber den fast ebenso gesunden Leinsamen: Chia-Samen, -Mehl und -Öl sind dank der Fülle von Antioxidantien sehr lange haltbar und werden nicht ranzig. Chia-Samen können bei Zimmertemperatur im luftdicht verschlossenen Gefäß jahrelang aufbewahrt werden.

Chia-Samen sind ein unglaublich praktisches Superfood. Geben Sie einfach einen Esslöffel in den Salat, ins Müsli oder in ihre Getränke! Der absolute Chia-Klassiker ist Pudding, und hier kann nach Lust und Laune gemischt werden. Ob mit Nussmilch oder Fruchtsäften, gesüßt und/oder gewürzt: Einfach etwa 125 ml Flüssigkeit mit 25 Gramm Chia-Samen vermischen (Verhältnis ca. 5:1), gut umrühren, gelegentlich durchrühren und eine halbe Stunde am besten im Kühlschrank quellen lassen. Fertig ist ein leckerer Chia-Pudding. Dank der löslichen Faserstoffe werden die Chia-Samen mit Flüssigkeit sehr schnell zum Gel. Viele Ernährungsexperten meinen, dass dieses Gel noch besser von unserem Organismus verwertbar ist und empfehlen, die Samen eher als Gel zu verwenden. Wie auch immer, das Gel ist auf alle Fälle vielseitig verwendbar: als Butter oder Öl, zum Binden oder als gesunder Geschmacksverstärker in Dips, Salaten, Joghurts & Co. Und natürlich ist Chia-Gel nicht nur in der veganen Küche ein beliebter Ei-Ersatz (siehe S. 28, Kasten). Ich mache das Chia-Gel in einem leeren Gurken- oder Einmachglas: Wasser und Chia etwa im Verhältnis 4:1 mischen, im Kühlschrank etwa eine halbe Stunde quellen lassen und alle fünf bis zehn Minuten kurz schütteln. Dieses Gel hält im Kühlschrank mindestens zehn Tage. Ich stelle meist ein volles Glas mit Gel her, und ist nach einer Woche davon noch etwas übrig, dann mische ich es unserem Hund ins Fressen. Denn: Chia tut auch den Vierbeinern gut. Es sorgt für schöneres Fell, wirkt gegen Haarausfall und kann Durchfall lindern. Auch bei tierischer Arthrose und Diabetes kann Chia gut helfen.

Wer kein Gel, sondern knuspriges Chia will, kann die Samen vorsichtig, ähnlich wie Pinienkerne, in einer Pfanne ohne Fett anrösten – so schmecken sie nussiger, werden beim Kontakt mit Flüssigkeiten nicht zum Gel und machen sich etwa auf einem Salat wunderbar. Ich streue geröstete Chia-Samen gerne auch in den Käsetoast.

Man kann die Samen auch zu Mehl mahlen. Chia-Mehl ist glutenfrei und kann in jedem Rezept bis zu 20 Prozent des herkömmlichen Mehls ersetzen. Brot und andere Backwaren werden durch Chia etwas elastischer und saftiger, geschmacklich intensiver. Einziger Unterschied: Es kann ein paar Minuten – rund fünf Prozent – mehr Backzeit brauchen. Achtung: Beim Backen sollte entweder Chia als Ei-Ersatz oder als Mehl verwendet werden. Beides zugleich ist meist zu viel, dadurch kann der Kuchen leicht sitzen- oder das Brot zu hart bleiben.

Und dann gibt es natürlich auch noch Chia-Öl. Es ist hellgelb, fast geruchsneutral und schmeckt ganz leicht nussig. Es kann für Salate, aber auch zum Kochen verwendet werden. Der Rauchpunkt liegt ähnlich wie beim Leinöl bei ca. 90–130 °C, es eignet sich also nicht unbedingt zum Braten und Backen.

Die folgenden Rezepte sollen Ideen bringen und Lust auf Kochen mit Chia machen. Ich habe meine Chia-Samen in einer alten Zuckerdose in der Küche stehen und versuche sie immer wieder in die täglichen Gerichte zu integrieren – und dabei gab's bisher kaum Grenzen. Ich rühre sie in Spinat ein, peppe Salat und Müsli damit auf, mixe mir einen Ingwer-Fresca (unser Familien-Favorit: siehe Rezept S. 30) und mache (vollkommen unbemerkt) die Eierspeise, das Ketchup und sogar die Pizza meines Sohnes ein bisschen gesünder. Und: Sehr gut schmeckt mir Chia auch gemischt mit Senf. Wichtig ist allerdings, nicht sofort von einem Tag auf den anderen Unmengen von Chia zu essen, sondern den Körper langsam an die Nähr- und vor allem Ballaststoffe zu gewöhnen und die tägliche Ration möglichst über den Tag verteilt zu genießen.

> Chia als Ei-Ersatz:
> Ein Ei entspricht einem gestrichenen Esslöffel Chia-Samen (pur oder gemahlen) und drei bis vier Esslöffeln Wasser. In einer Schüssel gut vermischen (eventuell auch mit dem Mixer pürieren) und 30 Minuten in den Kühlschrank stellen – etwa alle zehn Minuten kurz aufrühren. In einer halben Stunde ist der perfekte Ei-Ersatz fertig.

CHIA FRESCA

FÜR 4 GLÄSER
1 Liter Wasser
Saft von 2 Limetten
4 EL Chia-Samen
Rohrzucker nach Geschmack
4 Limettenscheiben zum Garnieren

- Alle Zutaten gut verrühren (statt Zucker kann es natürlich auch Stevia oder eine andere Zucker-Alternative sein) und 10 Minuten im Kühlschrank kalt stellen.
- Mit Limettenscheiben garniert servieren.

> Chia Fresca oder Iskiate ist heute noch in Mexiko ein populäres Getränk – oft auch mit Chili gewürzt. Dieser Krafttrunk geht auf die Tarahumara zurück. Sie gelten als die Dauerläufer der Erde, ihre sensationelle Ausdauer sollen sie dank Chia bekommen haben.

TIPP:
Ich mache gern einen Ingwer-Fresca, der schmeckt toll: Ungefähr 5 cm Ingwer in einen Krug reiben (oder klein schneiden), zwei Esslöffel Chia-Samen und den Saft einer Zitrone dazugeben und mit einem Liter Mineralwasser aufgießen. Mit ein paar Eiswürfeln für 20 Minuten in den Kühlschrank stellen – fertig!

TRAUBEN-DRINK

FÜR 4 TASSEN

750 ml Mineralwasser,
  kohlensäurehältig
250 ml roter Traubensaft
Saft von 1 Zitrone
4 TL Chia-Samen

- Den Traubensaft mit dem Mineralwasser mischen, mit Zitronensaft nach Geschmack würzen.
- Die Chia-Samen einrühren, ein paar Minuten quellen lassen und dabei immer wieder umrühren.

SUPER-SPORTLER-SHAKE

FÜR 2 GROßE ODER 4 KLEINE GLÄSER

250 ml Kokoswasser
100 ml Kirschsaft
1 Banane
250 g Himbeeren
100 g Heidelbeeren
2 EL Lupinenmehl
1 EL Chia-Mehl
1 EL Hanf-Samen
1 daumengroßes Ingwer-Stück,
  gerieben
1 Handvoll Erdnüsse
1 paar Weizenkeime
ev. ein paar Tropfen Stevia

- Alle Zutaten im Mixer zu einem Smoothie pürieren.

Trauben-Drink

HIBISKUS-BOWLE

FÜR 4 GLÄSER

2 TL Hibiskustee
2 TL getrocknete Hibiskusblüten
1 Handvoll Beeren, tiefgekühlt
2 TL Honig
3–4 TL Chia-Samen

- Tee und Blüten zu etwa einem Liter Tee zubereiten. Honig einrühren, abkühlen lassen und über Nacht in den Kühlschrank stellen.
- Am nächsten Tag die gefrorenen Beeren und das Mehl in den Tee geben, umrühren und eine Stunde im Kühlschrank quellen lassen.
- Anschließend gut schütteln und sofort genießen.

BUBBLE TEA

FÜR 4 TASSEN

Chai (Teebeutel oder loser Tee)
1 Liter Wasser
4 TL Chia-Samen
etwas Milch
Stevia

- Chai nach Packungsanweisung zubereiten, etwas abkühlen lassen und auf vier Tassen verteilen.
- Jeweils 1 TL Chia in die Tassen geben. Mit Milch verfeinern, nach Geschmack mit Stevia süßen. Ein paar Minuten ziehen lassen.
- Mit einem kleinen Teller die Tasse abdecken und kräftig schütteln, bis der Tee ein bisschen schäumt.

Tipp: Soll's vegan sein, dann schmeckt der Bubble-Tea vor allem mit Hafermilch wunderbar!

Dieser Tee ist dem Pearl Milk Tea oder Bubble Tea nachempfunden. Doch während bei diesen Getränken die kalorienreichen Tapioka-Perlen als Geliermittel verwendet werden, sind hiernur gesunde Chia-Samen enthalten.

SUPERSMOOTHIE

FÜR 2 GROSSE GLÄSER

100 ml Wasser
100 ml Orangensaft, frisch gepresst
100 ml Mandelmilch
2 TL Weizengraspulver
  (aus dem Reformhaus)
1 TL Brennesselpulver
  (aus dem Reformhaus)
3 EL Chia-Gel
1 großer Apfel, in Stücken
1 Banane, in Stücken

- Alle Zutaten im Mixer gut pürieren – fertig.

GRÜNE-RESTE-SMOOTHIE

FÜR 2 GLÄSER

2 EL Chia-Gel
1 kleine Orange, geschält
¼ Zitrone
¼ Cantaloupe-Melone
1 weiche Birne
½ Stange Staudensellerie mit Blättern
1 Handvoll Radieschenblätter
1 kleine Handvoll Spinat
ca. 175 ml Wasser

- Alle Zutaten in einem starken Mixer gut pürieren – fertig.

CASHEW-SMOOTHIE

FÜR 4 GROSSE GLÄSER
70 g Cashewkerne, 3–4 Stunden in
    Wasser eingeweicht
70 g Paranüsse, 3–4 Stunden in Wasser
    eingeweicht
900 ml Wasser
4 Datteln
1 EL Vanillezucker
4 EL Chia-Samen
ein paar Kürbiskerne
ein paar Cranberrys

- Kerne, Nüsse und Wasser in einem Mixer auf höchster Stufe pürieren. Die Nussmilch durch ein Sieb in einen Krug gießen. Die durchgesiebte Milch wieder in den gespülten Mixer geben.
- Die Datteln und den Vanillezucker hinzufügen und pürieren, bis die richtige Konsistenz für Smoothies entsteht.
- In 4 Gläser füllen, jeweils einen Esslöffel Chia einrühren und 10 Minuten quellen lassen.
- Mit den Kürbiskernen und Cranberrys garniert servieren.

ENERGYGEL FÜR LÄUFER

FÜR 2 KLEINE FLÄSCHCHEN
8 Datteln
6 EL Agavendicksaft
2 TL Chia-Samen
2 TL Kokosöl
3–4 TL reines Kakaopulver
2 Prisen Salz
170 ml Kokoswasser
4 Limettenscheiben zum Garnieren

- Alle Zutaten in einem Mixer auf höchster Stufe mindestens 2 Minuten gut mixen, bis die Masse flüssig ist und keine Dattelstücke mehr zu sehen sind.
- In kleine Plastik-Laufflaschen (die Mundöffnung sollte groß genug sein, denn sonst verstopfen sie durch das Gel ganz leicht) füllen und während des Laufens trinken. Ist besser als jedes Fertigprodukt.

Cashew-Smoothie

KAROTTENTRUNK

FÜR 2 GROSSE GLÄSER

3 Karotten
3 Orangen
1 kleines Stück Ingwer
3 TL Chia-Gel
500 ml Wasser

- Karotten waschen, schälen oder schrubben und klein schneiden, Orangen schälen.
- Karotten, Orangen und Ingwer in den Mixer geben, Chia-Gel und Wasser zugeben und alles pürieren.

HEIDELBEERSMOOTHIE

FÜR 2 GROSSE GLÄSER

250 ml Kokoswasser
100 g Seidentofu
1 TL Honig
2 TL Chia-Gel
1 Tasse Heidelbeeren,
frisch oder gefroren

- Alle Zutaten in einen Mixer geben und zu einem feinen Smoothie mixen.

POWER-SHAKE

FÜR 2 GROSSE GLÄSER

300 ml Mandelmilch
1 kleine Banane
15 g Nussmus nach Wahl
1 EL weiße Chia-Samen
1 EL Agavensirup

- Einen kleinen Schuss Mandelmilch in den Mixer füllen und die Chia-Samen einstreuen – etwa 15 Minuten quellen lassen.
- Alle Zutaten in den Mixer geben und cremig pürieren.

ERDBEERSHAKE

FÜR 2–3 GROSSE GLÄSER
300 g Erdbeeren
2 TL Chia-Mehl
2 EL Acai-Mark oder -Pulver, aus dem
    Reformhaus
10 Minzblätter
400 ml Sojamilch

- Alle Zutaten in den Mixer geben. Mit einem Minzblättchen und einer Erdbeere garniert servieren.

MANDEL-GRAPEFRUIT-SHAKE

FÜR 2 GLÄSER
2 EL Chia-Gel
2 Grapefruits, geschält
8 große Erdbeeren
30 Bio-Mandeln
2 Bananen
200 ml Orangensaft, frisch gepresst

- Die Mandeln über Nacht in Wasser einweichen lassen.
- Am nächsten Morgen abgießen und gemeinsam mit dem Chia-Gel im Mixer pürieren.
- Das Obst in Stücken und den Orangensaft zugeben und nochmals gut mixen.

CHIA COLADA

FÜR 2 GROSSE GLÄSER

50 ml Reis-Kokos-Drink
200 ml Ananassaft
1 TL Kokosraspeln
2 EL Chia-Samen

- Alle Zutaten in einen Behälter geben,
  verschließen und shaken.

KIDNEYBOHNENSALAT MIT SCHAFKÄSE UND SPECK

FÜR 4 PORTIONEN

250 g Kidneybohnen
4 EL Chia-Samen
150 g Speck, klein gewürfelt
200 g Schafkäse, klein gewürfelt
1 große Handvoll Sellerieblätter

Für das Dressing

4 EL Balsamessig
7 EL Olivenöl
1 Prise Salz
weißer Pfeffer

- Die getrockneten Kidneybohnen über Nacht einweichen.
- Am nächsten Tag das Einweichwasser abgießen und die Bohnen im frischem Wasser mit etwas Salz in etwa einer Stunde bissfest kochen. Abgießen und auskühlen lassen.
- In einer beschichteten Pfanne die Chia-Samen vorsichtig rösten. Herausnehmen und beiseite stellen. In der gleichen Pfanne den Speck anrösten. Herausnehmen und abkühlen lassen.
- Bohnen, Speck, Käse und die gehackten Sellerieblätter in einer Schüssel mischen. Aus Essig, Öl, Salz und Pfeffer eine Marinade machen und über den Salat geben. Gut durchziehen lassen.
- Kurz vor dem Servieren die gerösteten Chia-Samen über den Salat streuen.

CAESAR SALAD

FÜR 2 PORTIONEN
100 g Hühnerfilet, in kleinen Stücken
3 Römersalatherzen, in Stücken

Für das Dressing
80 ml Olivenöl, extra vergine
2 TL Chia-Gel
Saft von 1 Zitrone
1 TL Tabasco
1 TL Worcestershire Sauce
1 TL Dijonsenf
2 Knoblauchzehen, gehackt
60 g Parmesan, frisch gerieben
1 Prise Salz
Pfeffer aus der Mühle

Zum Garnieren
1 Handvoll Vollkorn-Croûtons
Parmesan, gehobelt, nach Geschmack

- Die Hühnerstücke in einer beschichteten Pfanne mit etwas Olivenöl kross braten.
- Die Salatherzen in der Schüssel verteilen.
- Die Zutaten für das Dressing in einem Mixer pürieren. Das Dressing auf dem Salat verteilen – nicht zu viel verwenden.
- Das restliche Dressing hält sich in einem Einmachglas im Kühlschrank mindestens eine Woche.
- Die Hühnerstücke, die Croûtons und den frisch gehobelten Parmesan auf dem Salat verteilen.

BUCHWEIZENSALAT MIT FEIGEN

FÜR 2 PORTIONEN

150 g Buchweizen
1 Bund Petersilie, gehackt
1 Kugel Mozzarella, etwas gerissen
2 Feigen, geviertelt

Für das Dressing

1 Granatapfel
1 TL Agavendicksaft
8 EL Olivenöl
4 EL Essig
1 Prise Salz
Pfeffer aus der Mühle

- Den Buchweizen nach Packungsbeilage zubereiten.
- Für das Dressing den Granatapfel zerteilen. Die Kerne der einen Hälfte entfernen und zur Seite stellen. Die andere Hälfte auf einer Zitruspresse ausdrücken. Die harten Kerne bleiben dabei in der Auffangvorrichtung hängen. Doch Vorsicht: Sie müssen zwar mit etwas Druck arbeiten, aber auch aufpassen, dass nichts spritzt – der Saft färbt sehr stark! Den ausgepressten Saft mit den restlichen Zutaten des Dressings verquirlen.
- Die Petersilie mit den Granatapfelkernen zum Buchweizen geben und mit dem Dressing vermengen. Feigen und den Mozzarella zum Salat geben.

MAISSUPPE

FÜR 4-6 PORTIONEN

1 EL Olivenöl
½ Zwiebel, fein gehackt
650 ml Gemüsebrühe
200 ml Magermilch
etwas Curry
schwarzer Pfeffer
750 g Maiskörner
1 EL Chia-Mehl
1 Prise Salz
100 g Parmesan, frisch und
   grob gerieben
1 EL Chia-Samen

- In einem großen Topf Öl erhitzen, die Zwiebel leicht anbraten. Mit Brühe und Milch aufgießen, mit Pfeffer und Curry vorsichtig würzen.
- Die Maiskörner dazugeben und etwa 15 Minuten sanft köcheln lassen. Vom Herd nehmen, das Chia-Mehl dazugeben und die Suppe mit dem Handmixer pürieren, bis sie schön sämig ist.
- Die Hälfte des Parmesans einrühren und noch ein paar Minuten auf kleiner Flamme sanft köcheln lassen. Abschmecken und mit Parmesan und Chia bestreut servieren.

Nicht zu heiß: Chia kann einfach überall mitgekocht werden, doch sollte es nicht über 190 °C erhitzt werden – denn sonst werden die wertvollen Nähr- und Vitalstoffe zerstört. Wenn Sie Chia-Gel zum Binden von Suppen oder Saucen verwenden, dann drehen Sie erst die Hitzequelle ab, lassen Sie die Suppe ein bisschen auskühlen und rühren Sie erst dann das Chia ein.

KARTOFFELSUPPE

FÜR 4 PORTIONEN

1 Jungzwiebel, klein geschnitten
2 TL Kokosöl
1 TL Currypulver
1 TL frischer Ingwer, geschält, gerieben
½ TL Zimt
2 große Süßkartoffeln,
  gekocht, geschält, gestampft
700 ml vegane Gemüsebrühe
50 g Chia-Gel
½ TL Salz
½ TL Muskat, frisch gerieben

- Zwiebel in Kokosöl etwa fünf Minuten glasig dünsten. Curry, Ingwer und Zimt zufügen und verrühren.
- Die zerdrückten Süßkartoffeln, Brühe und Chia-Gel hinzufügen. Gut umrühren und kurz dünsten lassen. Mit einem Mixstab pürieren. Mit Salz und Muskat abschmecken und 15 Minuten bei mäßiger Hitze köcheln lassen.

SCHNELLE KARFIOLSUPPE

FÜR 4 PORTIONEN

2 kleine Zwiebeln, in Streifen
etwas Olivenöl
4 gehäufte TL vegane Gemüsebrühe
1 Karfiol (Blumenkohl), in Stücken
1 EL Chia-Samen
1 Prise Salz
schwarzer Pfeffer
½ Bund Petersilie, gehackt
4 Schnitten Vollkornbrot
½ TL Muskat, frisch gerieben

- Die Zwiebeln in etwas Olivenöl glasig andünsten, mit einem Liter Wasser aufgießen, die Brühe einrühren und den Karfiol zugeben. Zum Kochen bringen und auf kleiner Flamme etwa 15 Minuten köcheln lassen.
- Etwa die Hälfte der Suppe in einen Mixer geben und mit den Chia-Samen gut pürieren. Die Mischung zurück in die Suppe geben, mit Salz, Pfeffer und Muskat abschmecken, die Petersilie unterrühren.
- Das Vollkornbrot im Toaster kross toasten, in kleine Würfeln schneiden und als Croûtons auf die Suppe streuen.

KAROTTENSALAT

FÜR 4 PORTIONEN

500 g Karotten, grob gerieben
80 g getrocknete Berberitzen
80 g getrocknete Aroniabeeren
80 g Rosinen
3 EL Chia-Samen

Für das Dressing

4 EL Olivenöl, extra vergine
3 EL Sanddornsaft
Saft ½ Zitrone
2 TL Agavendicksaft
1 Prise Salz
Pfeffer aus der Mühle
Stevia

- Die Karotten mit den Beeren, Rosinen und den Chia-Samen in einer Schüssel vermischen.
- Für das Dressing das Olivenöl mit dem Sanddorn- und Zitronensaft, dem Agavendicksaft und Salz verquirlen. Das Dressing mit dem Salat vermischen. Mit Salz, Pfeffer und wenig Stevia vorsichtig abschmecken.

GURKENSALAT

FÜR 2 PORTIONEN

1 Salatgurke,
   in feine Scheiben gehobelt
1 Prise Salz
Saft von 1 Zitrone
etwas Olivenöl
Pfeffer aus der Mühle
Stevia nach Geschmack
1 EL Chia-Samen

- Die Gurkenscheiben mit Salz bestreuen, gut durchmischen und 15 Minuten stehen lassen.
- Gurken leicht ausdrücken, mit Zitronensaft, Öl, Pfeffer und Stevia vorsichtig abschmecken.
- Mit Chia bestreut servieren.

SALSA-DIP

FÜR EIN SCHÜSSELCHEN

3 EL Chia-Samen
120 g getrocknete Tomaten, klein geschnitten
1 TL Cayennepfeffer
Chili nach Geschmack
1 Prise Salz
Pfeffer
etwas Zitronensaft
½ kleine Zwiebel, fein gehackt
4 frische Tomaten, klein gewürfelt
1 reife Avocado, mit der Gabel zerdrückt

- 200 ml Wasser mit den Chia-Samen gut verrühren, Cayenne, Chili und getrocknete Tomaten dazugeben. Zugedeckt im Kühlschrank rund 15 Minuten ziehen lassen. Tomaten und Zwiebeln untermengen und mit der Avocado-Masse zu einem Dip verrühren. Mit Zitronensaft, Salz, Pfeffer und ev. Chili abschmecken.

Variante: Für einen schnellen Dip eine Knoblauchzehe, etwa 60 g Hummus, 30 g Salsa-Sauce und 2 Teelöffel Chia-Gel mixen. Schmeckt zu Gemüse oder als Brotaufstrich sehr fein.

SUPERFOOD-DIP

FÜR 3 TASSEN

75 g Sonnenblumenkerne
75 g Kürbiskerne
50 g Chia-Samen
3 EL Hanf-Samen
2 rote Paprikaschoten
2 Stangen Staudensellerie, klein gehackt
2 rote Zwiebeln, gehackt
1 Prise Salz
Pfeffer aus der Mühle
1 Spritzer Zitronensaft

- Alle Zutaten in einer Küchenmaschine mixen, bis eine feuchte Masse entsteht. Zugedeckt im Kühlschrank mindestens eine Stunde quellen lassen.
- Mit Salz, Pfeffer und Zitronensaft abschmecken. In Tupperware hält sich der Dip etwa eine Woche.

HIRSE-CURRY-AUFSTRICH

ZUTATEN FÜR 6 PORTIONEN

400 ml Wasser
150 g Hirse
Kräutersalz
1 Lorbeerblatt
1 EL Olivenöl
1 EL Curry
1 Zwiebel, klein gehackt
1 Apfel, klein geraspelt
2 EL Chia-Gel
50 ml Sojacreme
2 EL gehackte Petersilie
Salz, Pfeffer

- Wasser aufkochen lassen, Hirse, Kräutersalz und Lorbeerblatt einrühren. Ca. 10 Minuten abgedeckt sanft köcheln lassen. Vom Herd nehmen und etwa 10 Minuten nachquellen lassen.
- Öl in einer beschichteten Pfanne erwärmen, Curry einstauben, danach Zwiebel und Apfel darin andünsten. Die Hirse mit einem Mixstab pürieren.
- Das Zwiebel-Apfel-Gemisch mit dem Getreide, dem Chia-Gel, der Sojacreme und der Petersilie gut verrühren und mit Salz und Pfeffer abschmecken.

Wenn Sie 4–6 EL Chia-Gel in die Masse einrühren, dann lassen sich daraus auch kleine Laibchen formen und im Backofen knusprig backen (siehe Bild).

LINSENAUFSTRICH

FÜR 2 GLÄSER
4 Zwiebeln, gewürfelt
200 g rote Linsen
1 TL Ingwer, gewürfelt
1 TL Tomatenmark
1 Lorbeerblatt
4 Wacholderbeeren
350 ml vegane Gemüsebrühe
3 EL Olivenöl
3 EL Chia-Mehl
1 Prise Kreuzkümmel
1 Prise Kardamomkerne, zerstoßen
1 Prise Salz
weißer Pfeffer

- Die Zwiebeln kurz in dem Olivenöl anschwitzen. Linsen, Ingwer, Tomatenmark, Lorbeerblatt und Wachholder hinzugeben und mit der Brühe ablöschen. 15 Minuten kochen lassen.
- Das Chia-Mehl einrühren und 20 Minuten ruhen lassen.
- Lorbeerblatt und Wachholder entfernen. Die Linsen pürieren und nach Geschmack abschmecken.

KAROTTENAUFSTRICH

FÜR 6-8 BRÖTCHEN
1 große Karotte, geraspelt
3 Radieschen, geraspelt
200 g Hüttenkäse
50 g Frischkäse
1 EL Chia-Samen
1 EL Kresse
1 EL Sesam
1 Prise Salz
Pfeffer aus der Mühle
Stevia

- Die Gemüseraspeln mit Hüttenkäse und Frischkäse vermengen.
- Die Chia-Samen, den Sesam und die Kresse unterheben und mit Salz, Pfeffer und Stevia vorsichtig würzen.

ROTE-RÜBEN-AUFSTRICH

FÜR 1 GLAS

300 g Rote Rüben (Rote Bete), gekocht,
    grob gerieben
20 g Kren (Meerrettich), frisch
    gerieben
150 ml Kokosmilch
Saft von ½ Zitrone
1 EL Chia-Samen
1 Prise Salz
Cayennepfeffer

- Die Roten Rüben, Kren und die Kokosmilch
  in einer Schüssel mischen und mit dem
  Pürierstab fein mixen.
- Die Chia-Samen untermischen und mit Salz,
  Pfeffer und Zitronensaft abschmecken.
- Den Aufstrich für mindestens 30 Minuten im
  Kühlschrank durchziehen lassen.

PASTINAKENAUFSTRICH

FÜR 1 GLAS

5 EL Sonnenblumenkerne
3 EL Reismilch
1 EL Öl
1 Prise Salz
2 kleine Pastinaken, weich gekocht
2 EL gehackter, frischer Thymian
etwas Kurkuma
2 EL Chia-Samen
Pfeffer aus der Mühle
etwas Zitronensaft

- Sonnenblumenkerne über Nacht einweichen.
- Am nächsten Tag abgießen, trocknen lassen
  und in einer Pfanne auf niedriger Temperatur
  rösten. Die Kerne mit etwas Reismilch in einen
  Mixer geben und so lange pürieren, bis ein
  streichfähiger Brei entsteht. Das kann einige
  Minuten dauern – wichtig: Am Rand klebende
  Masse immer wieder nach unten schieben.
  Etwas Öl und Salz hinzufügen und nochmals
  mixen.
- Die Pastinaken, den Thymian und Kurkuma
  hinzufügen und nochmals mixen. In ein
  verschließbares Glas füllen, die Chia-Samen
  einrühren und über Nacht im Kühlschrank
  quellen lassen.
- Am nächsten Tag mit Salz, Pfeffer und
  Zitronensaft abschmecken.

CHIA-BROT

FÜR 1 KASTENFORM

400 g Weizenvollkornmehl
200 g Roggenvollkornmehl
20 g Salz
2–3 EL Brotgewürz
2 EL Rapsöl
2 Pkg. Trockengerm (-hefe)
2 EL Agavendicksaft
100 ml Apfelessig

Für das Quellstück
100 g Weizenschrot
100 g Roggenschrot
50 g Leinsamen, geschrotet
50 g Sonnenblumenkerne
50 g Hirse, gemahlen
50 g Chia-Samen
50 g Haselnüsse, grob gehackt
600 ml lauwarmes Wasser

- Für das Quellstück alle Zutaten mit dem Wasser gut verrühren und zugedeckt mindestens 6 Stunden (am besten über Nacht) bei Zimmertemperatur ruhen lassen.
- Die Mehle mit Germ und Salz mischen und mit dem Quellstück, dem Öl, den Gewürzen, Agavendicksaft und Essig ca. 10 Minuten lang zu einem festen Teig kneten. Wenn er zu dick oder zu bröckelig ist, noch etwas Wasser zugeben. Zugedeckt 10 Minuten ruhen lassen.
- Den Teig noch einmal gut durchkneten und einen länglichen Brotlaib formen. Ein Gärkörbchen mit Mehl stauben und den Laib darin an einem warmen Ort ca. 1 Stunde gehen lassen.
- Das Backrohr auf 220 °C Ober- und Unterhitze vorheizen, ein leeres Backblech ganz unten ins Rohr schieben.
- Den Brotteig aus dem Körbchen auf ein Backblech kippen, 200 ml heißes Wasser ins untere Backblech gießen (Vorsicht, heißer Dampf!) und das Backrohr schnell schließen. 10 Minuten bei 200 °C anbacken, dann die Hitze auf 180 °C reduzieren und in etwa 1 Stunde fertig backen.
- Wenn das Brot fertig ist, noch etwa 5 Minuten im abgedrehten Rohr ruhen lassen, dann auf ein Gitter legen, mit heißem Wasser besprühen und ganz auskühlen lassen.

LOW-CARB-MANDELBROT

FÜR 1 LAIB
4 Chia-Eier (siehe S. 28, Kasten)
1 TL Steinsalz
2 TL Natron
80 g flüssiges Kokosfett
150 g Mandeln, fein gemahlen
50 g Hanf-Samen
1 Handvoll Kürbiskerne

- Backofen auf 200 °C vorheizen.
- Salz, Natron, Fett und die Chia-Eier gut aufschlagen, bis eine homogene Masse entsteht. Die Mandeln und Hanf-Samen hinzufügen und alles gut verrühren, bis der Teig richtig cremig und ein bisschen zäh ist.
- Eine Form mit Backpapier auslegen und die Masse darin verteilen. Kürbiskerne darüber streuen. Das Brot bei 190 °C mindestens 75 Minuten backen.

Tipp: Dieses Brot lässt sich gut aufpeppen: Einfach Frühlingszwiebel, Samen, Nüsse, Kräuter, Beeren etc. in die Masse rühren und mitbacken.

BROKKOLI-BROT-STICKS

FÜR 20 STÜCK
1 Brokkoli
3 EL Chia-Samen
3 EL Germ (Hefe)
2 Eier
1 Prise Salz
Pfeffer aus der Mühle
1 Prise Kümmel, gemahlen
etwas Mineralwasser mit Kohlensäure
1 Handvoll Petersilie, gehackt
2 Knoblauchzehen, zerdrückt

- Den Backofen auf 160 °C vorheizen.
- Brokkoliröschen und -stamm klein schneiden und in der Küchenmaschine pürieren.
- Alle Zutaten in einer Schüssel gut vermengen, so viel Mineralwasser zufügen, bis ein homogener Teig entsteht. Die Masse auf ein mit Backpapier belegtes Blech etwa 0,5 cm dick gleichmäßig verteilen. Für 30 Minuten im Backofen backen, dann umdrehen und nochmals für etwa 20 Minuten backen.
- Den Backofen abdrehen und bei offener Tür trocknen und auskühlen lassen. In Sticks schneiden.

Tipp: Mit Kräuter-Joghurt-Dip servieren.

DINKEL-KAROTTEN-BROT

FÜR 1 LAIB

800 g Dinkelkörner, fein gemahlen
100 g Sonnenblumenkerne
100 g Kürbiskerne
300 g Karotten, fein gerieben
5 EL Chia-Gel
750 ml Wasser
4 EL Essig
3 TL Salz
1 Würfel frische Germ (Hefe)
150 g Haferflocken

- Das Dinkelmehl in eine Schüssel geben. Sonnenblumen- und Kürbiskerne hinzugeben und alles gut durchmischen, Karotten und das Chia-Gel dazugeben und zu einem krümeligen Teig mischen.
- Backofen auf 190 °C (Umluft) vorheizen.
- Wasser, Essig, Salz und Germ in einen Topf geben, mit dem Pürierstab durchmengen, auf etwa 40 °C erhitzen und nochmals kurz pürieren. Die Flüssigkeit in einem Schwung in die Rührschüssel geben und alles mit dem Löffel gut durchrühren. Die Haferflocken einrühren.
- Eine Kastenform mit Papier auslegen, den Teig hineingeben und gut verteilen. Eine feuerfeste Tasse mit Wasser in den vorgeheizten Backofen stellen und das Brot ca. 1 Stunde bei 190 °C (Umluft) backen.
- Das fertige Brot sofort aus der Form nehmen und mind. 3 Stunden abkühlen lassen.

> **Wann ist das Brot fertig?**
> Erfahrene Brotbäcker erkennen es an der Farbe und Kruste. Andere klopfen das Brot ab, klingt's hohl, ist das Brot fertig. Nicht so Erfahrene können aber die Kerntemperatur messen: Bei 93 °C ist die Verkleisterung der Stärke im Brot vollständig abgeschlossen und es ist optimal ausgebacken. Steigt die Temperatur, macht das auch nichts, dann ist eben die Kruste fester, dicker oder dunkler. Wer dunkle Brote mag, sollte bis zu einer Kerntemperatur von 96–98 °C backen.

SCHINKEN-KÄSE-OMELETTE

FÜR 8 STÜCK
500 ml Milch
3 Eier
½ TL Salz
3 EL weiße Chia-Samen
300 g Mehl
1 TL Backpulver
8 Scheiben Schinken nach Wahl
8 Käsescheiben nach Wahl
1 Prise Salz
Pfeffer aus der Mühle
etwas Rapsöl

- Milch, Eier, Salz und Chia im Mixer 15 Sekunden auf mittlerer Stufe verrühren. Mehl und Backpulver mischen und zugeben. Nochmals 15 Sekunden unterrühren. Den Teig 30 Minuten ruhen lassen.
- Eine kleine, beschichtete Pfanne mit wenig Öl auf dem Herd erhitzen, mit einer Schöpfkelle den Teig dünn in die Pfanne laufen lassen, schwenken, bis die Omelette etwa so groß ist wie der verwendete Schinken.
- Eine Scheibe Schinken und eine Scheibe Käse darauflegen, salzen und pfeffern, kurz anbraten lassen und dann noch einmal eine dünne Schicht Teig darübergießen, die den Schinken und Käse ganz abdeckt. Wenn auf der einen Seite die gewünschte Bräune erreicht ist, die Omelette wenden und fertig braten.

Diese Omelette lässt sich nach Lust und Laune verfeinern: Champions, Jungzwiebel, Lauch oder Kräuter sorgen für noch mehr Geschmack.

FALAFEL MIT KNOBLAUCH-JOGHURT

FÜR CA. 15 STÜCK

60 Pistazien
60 g Chia-Samen
200 g Kichererbsen (aus der Dose), abgetropft
2 Knoblauchzehen, zerdrückt
1 Zwiebel, geviertelt
1 Karotte, fein gehobelt
4 Stiele Minze
4 Stiele Koriander
1 Prise Salz
Pfeffer aus der Mühle

Für das Joghurt

½ Salatgurke, fein gehobelt
1 Prise Salz
150 g Griechisches Joghurt
3 EL Sauerrahm
4–6 Knoblauchzehen, gepresst
2 EL Zitronensaft
Pfeffer aus der Mühle

- Etwa 20 Pistazien fein hacken und mit 1 EL Chia-Samen in einer Schüssel vermengen – beiseitestellen.
- Den Backofen auf 200 °C Umluft vorheizen. Ein Blech mit Backpapier auslegen.
- Für die Falafel Kichererbsen, Knoblauch, Zwiebel und Karotte mit Minz- und Korianderblättern, 40 Pistazien und 3 EL Chia-Samen fein pürieren. Salzen und pfeffern.
- Etwa 15 Falafel-Bällchen formen und in der Chia-Pistazien-Mischung wälzen. Auf das Backblech legen, Backofen auf 180 °C zurückdrehen und 15–20 Minuten backen.
- In der Zwischenzeit die gehobelte Salatgurke in eine Schüssel geben und salzen. Nach ein paar Minuten mit Joghurt und Sauerrahm gut vermischen, die Knoblauchzehen in die Masse drücken und mit Zitrone, Salz und Pfeffer abschmecken.

> Für schnelle Chips verteilen Sie kleine Chia-Gel-Kleckse auf etwas Backpapier und legen einen weiteren Backpapier-Bogen darüber. Nun rollen Sie die Kleckse mit einem Nudelholz flach. Den oberen Papierbogen wegziehen und die Gel-Chips trocknen lassen. Anschließend bei 180 °C Ober- und Unterhitze in den Backofen und etwa 10 Minuten (je nach Stärke der Chips) kross backen lassen. Nach Geschmack würzen.

QUINOABURGER

FÜR 8 BURGER

60 g Quinoa
1 Gemüsesuppenwürfel
1 TL Olivenöl
2 Knoblauchzehen, gehackt
1 Zwiebel, gehackt
2 Karotten, grob geraspelt
1 Dose Bohnen
1 TL scharfes Paprikapulver
1 TL mildes Paprikapulver
1 TL Cumin
1 TL Oregano
1 TL Meersalz
1 ½ TL schwarzer Pfeffer
1 EL Tomatenmark
1 TL Sojasauce
40 g Semmelbrösel
1 ½ EL Chia-Gel
1 kleine Prise Zucker
8 Burger-Brötchen

Zum Garnieren
Salat, Tomaten, Ketchup, Mayonnaise, Käse …

- Die Quinoa nach Packungsanleitung in der entsprechenden Wassermenge mit dem Suppenwürfel zubereiten.
- In einer Pfanne etwas Olivenöl erhitzen und Knoblauch, Zwiebel sowie Karotten anschwitzen und garen, bis die Karotten bissfest sind.
- Die abgetropften Bohnen, den Gemüse-Mix und die Gewürze in eine Schüssel geben und mit einem Kartoffelstampfer zu einem groben Mus zerstampfen.
- Tomatenmark, Sojasauce und Chia-Gel untermischen, nach und nach auch Quinoa und Brösel hinzugeben. Falls die Masse zu weich ist, um Burger zu formen, noch etwas Brösel untermischen.
- Aus dem Teig 8 Burger formen und für etwa 20 Minuten in Frischhaltefolie ruhen lassen.
- In einer Pfanne das restliche Olivenöl erhitzen und die Burger darin auf beiden Seiten goldbraun braten. Die Brötchen aufschneiden, kurz antoasten je nach Geschmack belegen und die Burger daraufgeben.

KARTOFFELPÜREE

FÜR 4 GROSSE PORTIONEN

450 g Knollensellerie, in kleinen
    Würfeln
450 g mehlige Kartoffeln,
    geschält und gewürfelt
150 ml Milch
2–3 TL Butter
2 EL Chia-Samen
1 Prise Salz
Muskatnuss, frisch gerieben

- Wasser aufkochen lassen und die Selleriestücke 5 Minuten darin kochen lassen. Die Kartoffeln zugeben und ca. 12 Minuten weiterkochen lassen, bis das Gemüse weich ist. Abgießen, abtropfen lassen.
- Das Gemüse in eine Schüssel geben und mit dem Kartoffelstampfer zu einem Brei stampfen. Immer wieder etwas Milch zugeben.
- Chia-Samen untermengen und mit dem Handmixer die Masse zu einem cremigen Püree mixen. Mit Salz und etwas Muskat abschmecken.
- Mit Butterflocken garniert heiß servieren.

CHIA-POLENTA

FÜR 4 PORTIONEN

1 l Hühnersuppe
280 g Maisgrieß
1 TL Olivenöl, extra vergine
1 Prise Salz
Pfeffer aus der Mühle
50 g Parmesan, frisch gerieben
60 ml Chia-Gel

- In einem Topf die Brühe aufkochen lassen und den Maisgrieß unter ständigem Rühren hinzufügen. So lange rühren, bis die Masse keine Klümpchen mehr aufweist. Öl, Salz und Pfeffer hinzufügen und bei mittlerer Hitze etwa 10 Minuten köcheln lassen, bis ein Brei entsteht.
- Parmesan einrühren, weitere fünf Minuten sanft köcheln lassen – immer wieder umrühren, damit nichts anbrennt.
- Vom Herd nehmen, das Chia-Gel einrühren und die Polenta 15 Minuten ziehen lassen.

GEBRATENER DINKEL

FÜR 4 PORTIONEN

250 g Zartdinkel
2 l Gemüsesuppe
6 EL Olivenöl
2 rote Zwiebeln, gewürfelt
1 Hokkaidokürbis, grob gerieben
2 EL Chia-Samen
8 Chia- oder Salbeiblätter, gehackt
4 EL Weißwein
1 TL Butter
1 Prise Salz
schwarzer Pfeffer

- Zartdinkel nach Packungsanweisung in der Gemüsebrühe garen.
- Den fertigen Dinkel in einer Pfanne in etwas Öl einige Minuten bei starker Hitze unter Rühren anbraten. Die Zwiebeln hinzugeben und kurz mitrösten.
- Die Kürbisraspeln und die Chia-Samen untermengen und drei Minuten mitbraten.
- Mit Wein ablöschen, ein kleines Stück Butter dazugeben und mit Salz und Pfeffer abschmecken.
- Mit den Chia- oder Salbeiblättern dekoriert servieren.

KNUSPRIGER FISCH AUF BLATTSPINAT

FÜR 4 PORTIONEN

400 g TK-Fischfilet nach Wahl
1 Prise Salz
Saft von 1 Zitrone
4 kleine Zwiebeln, gewürfelt
8 Knoblauchzehen, gewürfelt
20 ml Olivenöl
800 g TK-Blattspinat
1 Prise Kräutersalz
Muskat, frisch gerieben
4 EL Sesam
4 EL Chia-Samen
40 g Kokosöl

- Fischfilet auftauen lassen, salzen und mit etwas Zitronensalz beträufeln.
- Zwiebeln und Knoblauch in etwas Olivenöl anschwitzen. Den Spinat (nicht aufgetaut) und etwas Wasser dazugeben und ca. 10 Minuten garen lassen. Mit Kräutersalz und Muskatnuss abschmecken.
- Sesam und Chia auf einem Teller mischen und den feuchten Fisch damit panieren. Das Kokosöl in einer Pfanne erhitzen und den Fisch darin braten. Jede Seite ca. 2–3 Minuten.
- Mit Blattspinat servieren.

CHIA-PASTETE

FÜR 2 GLÄSER

240 g Cashewkerne, für
   mind. 2 Stunden in Wasser eingelegt
120 g Chia-Gel
1 rote Paprikaschote, geschält
1 Karotte
60 g Nährhefe
Saft von 1 Zitrone
1 Prise Salz
Pfeffer aus der Mühle
süßer Paprika nach Geschmack
1 TL Ahornsirup

- Alle Zutaten im Mixer zu einer homogenen Paste pürieren.
- In Gläser füllen und gut verschließen.
- Diese Pastete hält im Kühlschrank eine Woche.

> Nährhefe ist eine durch Hitze inaktivierte Hefe, sodass sie anders als Backhefe nicht zum Gären geeignet ist. Sie schmeckt sehr würzig und ist unter anderem Basis für vegetarische Aufstriche sowie Pasteten und eine vorzügliche vegane Käsealternative. Zudem ist sie reich an Vitaminen (vor allem B-Vitaminen), Mineralien und viel wertvolles Eiweiß.

CHIA-SPEIS'

FÜR 2 PORTIONEN

4 Eier
2 EL Chia-Samen
etwas Milch
etwas Olivenöl
2 Handvoll Chinakohl, in schmale
   Streifen geschnitten
1 Prise Salz
Pfeffer aus der Mühle
etwas Petersilie, gehackt

- Die ganzen Eier in einem Glas versprudeln, Chia-Samen einrühren und mit etwas Milch aufgießen.
- Öl in einer beschichteten Pfanne erhitzen, die Hitze reduzieren und die Eier-Masse sowie die Chinakohlstreifen in die Pfanne geben. Bei mäßiger Hitze die Masse langsam stocken lassen.
- Kurz bevor die Eierspeise fertig ist, die Petersilie unterrühren und mit Salz und Pfeffer abschmecken.

CHIA-LINSEN

FÜR 4 PORTIONEN

1 l vegane Gemüsebrühe
2 ½ Tassen rote Linsen
3 Kartoffeln, geschält, gewürfelt
1 Stange Lauch, in Ringen
7 Knoblauchzehen, geschält
2 TL Chia-Samen
½ TL Cayennepfeffer
½ TL Salz
3 EL Zitronensaft
2 Frühlingszwiebeln, gehackt
etwas Schnittlauch, in Röllchen

- Die Brühe zum Kochen bringen. Die Linsen unter Rühren hinzufügen und 15 Minuten köcheln lassen.
- Kartoffeln, Lauch, Knoblauch und Chia hinzugeben, mit Pfeffer und Salz abschmecken und köcheln lassen, bis die Kartoffeln weich sind (ca. 10 Minuten).
- Mit Zitronensaft abschmecken und die Frühlingszwiebeln und Schnittlauch unterrühren.

LACHS AUF FISOLEN

FÜR 4 PORTIONEN

1 EL Chia-Samen
4 gehäufte EL grünes Pesto
4 Handvoll Fisolen, geputzt
4 Wildlachsfilets mit Haut
Olivenöl
Saft von 2 Zitronen
1 Prise Salz
Pfeffer aus der Mühle

- Den Backofen auf 190 °C vorheizen.
- Die Chia-Samen mit dem Pesto verrühren und 10 Minuten im Kühlschrank quellen lassen.
- Aus Alufolie 4 Quadrate schneiden und je eine Handvoll Fisolen auf die Mitte der Folie häufen. Die Lachsfilets mit der Hautseite nach unten quer auf die Fisolen legen und jeweils mit einen gehäuften Esslöffel Chia-Pesto bestreichen. Olivenöl und Zitronensaft darauf träufeln, mit Salz und Pfeffer würzen. Die Folienränder oben zusammenführen und verschließen.
- Die Folienpakete auf ein Backblech legen und im Backofen 15–20 Minuten garen.

SPINATAUFLAUF

FÜR 4 PORTIONEN

140 g TK-Spinat
2 TL Chia-Mehl
1 Ei
75 g Gouda
100 g Hüttenkäse
1 EL Chia-Samen
1 Prise Salz
Pfeffer aus der Mühle

- Den Backofen auf 180 °C vorheizen.
- Den Spinat nach Packungsanweisung zubereiten
- Chia-Mehl, Ei, Gouda, Hüttenkäse sowie Chia-Samen unterrühren und mit Salz und Pfeffer abschmecken.
- Die Masse in eine Auflaufform geben und etwa 15 Minuten im Backofen backen.

INDISCHES CURRY MIT GARNELEN UND CHIA-POPPADOMS

FÜR CA. 15 STÜCK

Für die Poppadoms
4 EL Chia-Samen
120 ml Wasser
½ rote Zwiebel, in Streifen
1 Knoblauchzehe
1 EL Koriander, gemahlen
1 EL Ingwer, frisch gerieben
1 EL Fenchelsamen
1 Prise Salz
Pfeffer aus der Mühle

Für die Curry-Paste
5 cm Ingwer
2 kleine frische Chili
Saft von 1 Zitrone
2 Schalotten
½ TL Kurkuma
½ TL Salz
2 EL Koriander, grob gehackt

Für das Curry
1 EL Kokosöl
4 Schalotten, gehackt
2 große Süßkartoffeln, gewürfelt
2 Knoblauchzehen, gehackt
½ TL Kurkuma
1 EL Ingwer, gehackt
2 EL Tamari
500 ml Gemüsebrühe, vegan
1 kleine Melanzani (Aubergine), gewürfelt
2 EL Chia-Samen
1 EL Butter
2 Knoblauchzehen, fein gehackt
2 Handvoll Garnelen, ohne Schale
ein Spritzer trockener Weißwein
1 Bund frischer Koriander

- Den Backofen auf 175 °C vorheizen.
- Für die Poppadoms alle Zutaten vermengen und etwa 20 Minuten einweichen lassen.
- Die Masse auf ein Stück Backpapier 2 mm dünn auftragen. Im Backofen 20 Minuten backen, dann vorsichtig wenden und für weitere 20 Minuten backen.
- Inzwischen alle Zutaten für die Curry-paste in einem Mixer pürieren.

- Die Currypaste in Kokosöl für 2–3 Minuten anbraten. Die Schalotten hinzufügen und weitere 2–3 Minuten anbraten.
- Süßkartoffeln, Knoblauch, Kurkuma, Ingwer und Tamari in die Pfanne geben und für weitere 5 Minuten köcheln lassen. Etwa 3 EL Wasser unterrühren und das Curry andicken. Die Brühe hinzugeben und alles bei mittlerer Hitze

5 Minuten köcheln lassen. Melanzani-Würfel unterrühren und köcheln lassen, bis das Gemüse weich ist.

- In einer beschichteten Pfanne Chia-Samen kurz rösten und beiseite stellen.
- In derselben Pfanne die Butter schmelzen, Knoblauch hinzufügen und die trockenen Garnelen einrühren. Einige Male wenden und bei mittlerer Hitze

dünsten, bis sie orange werden. Mit Wein ablöschen.

- Die Garnelen zum Curry geben, den Koriander untermengen, mit den gerösteten Chia-Samen bestreuen und mit den Poppadoms servieren.

LIMETTENMILCH-OATS MIT PAPAYA UND HEIDELBEEREN

FÜR 2 PORTIONEN

1 Limette
200 ml Milch
10 EL kernige Haferflocken
2 EL Chia-Samen
1 Papaya
einige frische Heidelbeeren

- Die Limette auspressen und mit Milch, Haferflocken und Chia mischen und zugedeckt über Nacht in den Kühlschrank stellen.
- Am Morgen die Limettenmilch-Flocken in zwei Müslischalen füllen, die Papaya in Stücke schneiden und darüber verteilen. Mit Heidelbeeren dekoriert servieren.

> Gesunder Trend: Overnight-Oats.
> Viele verzichten aus Zeitmangel morgens aufs Frühstück. Dabei ist die erste Mahlzeit des Tages so wichtig für die Gesundheit, um den Stoffwechsel in Schwung zu bringen und mit Energie in den Tag zu starten. Die Lösung: Overnight-Oats – und dafür ist vor allem Chia ideal. Diese Mahlzeiten machen sich über Nacht quasi von selbst – somit zählt die Ausrede nicht mehr, dass morgens keine Zeit zum Essen ist.

FRÜHSTÜCKSBREI

FÜR 2 GROSSE PORTIONEN
3 EL Chia-Samen
150 ml Kokosmilch
200 ml Mandelmilch
½ TL Vanillepulver
1 Handvoll frische Früchte der Saison
    (Beeren, Äpfel …)
3 EL Apfelmark

- Die Chia-Samen und das Vanillepulver in einer Schale gut vermischen, mit Kokos- und Mandelmilch aufgießen, Apfelmark einrühren – gut vermengen. Die Schale zugedeckt und über Nacht in den Kühlschrank stellen.
- Am nächsten Morgen mit Früchten garnieren. Wer's süßer mag, statt Apfelmark gesüßtes Apfelmus verwenden.

MATCHA-OATS

FÜR 2 PORTIONEN
2 TL Matchapulver
4 EL kernige Haferflocken
4 EL Hafermark
4 EL Sojaflocken
2 EL geschrotete Leinsamen
2 EL Kokosraspel
2 EL Chia-Samen
450 ml Kokosmilch
½ frische Ananas (oder anderes Obst
    nach Wahl), in Würfeln

- Matcha sieben und gut mit allen Zutaten (bis auf die Ananas) verrühren. Über Nacht in den Kühlschrank stellen und quellen lassen.
- Am Morgen die Ananas klein würfeln, dazugeben und in Dessertschalen angerichtet servieren.

CHIA-MÜSLI

FÜR 2 PORTIONEN
2 EL Chia-Samen
200 ml Mandelmilch
4 EL Frühstückscerealien nach Wahl
2 EL Haferflocken
2 EL Mandeln
1 TL Kürbiskerne
½ TL Hanfsamen
2 TL Cranberrys
ein paar Himbeeren
Zucker oder Sirup nach Geschmack

- Die Chia-Samen mit etwas Mandelmilch verrühren und im Kühlschrank 20 Minuten quellen lassen.
- Mit der restlichen Milch aufgießen, alle Zutaten mischen.
- In zwei großen Müslischalen anrichten und servieren.

FRÜHSTÜCK MIT SCHLAG

FÜR 2 GROSSE PORTIONEN

2 EL Chia-Samen
200 ml Reis-Mandel-Milch
1 saurer Apfel, in kleinen Stücken
8 Rosinen
2 TL Hanfsamen
2 EL Amaranth-Pops
2 EL Crunchys
2 EL Mandeln, gehackt
150 ml Schlagobers (Schlagsahne)
1 Handvoll frische Heidelbeeren

- Die Chia-Samen mit der Reis-Mandel-Milch vermengen und ein paar Stunden (am besten über Nacht) zugedeckt im Kühlschrank quellen lassen.
- Die Apfelstücke, Rosinen, Hanf, Amaranth-Pops, Crunchys und die Mandeln vermengen. Die Schlagcreme steif schlagen.
- Den Chia-Pudding aus dem Kühlschrank nehmen, nochmals richtig durchrühren und auf 2 Dessertgläser aufteilen. Darüber den Müslimix geben und mit Schlagobers bedecken.
- Mit Heidelbeeren und ein paar Chia-Samen dekoriert servieren.

AYURVEDISCHER HAFERBREI

FÜR 2 PORTIONEN

1 Scheibe Ingwer (2 cm),
klein gewürfelt
6 EL Haferflocken
4 EL Chia-Samen
6 frische Marillen, klein gewürfelt
2 EL Rosinen (oder Berberitzen)
etwas Zimtpulver
Zucker nach Geschmack

- Eine Tasse Wasser in einem Topf mit dem Ingwer aufkochen lassen.
- Erst die Haferflocken und nach 2–3 Minuten Chia-Samen, Marillen und Rosinen einrühren und alles auf kleiner Stufe köcheln lassen, bis das Obst weich ist.
- Mit Zimt und ev. Zucker abschmecken und heiß servieren.

SÜSSER BROTAUFSTRICH

FÜR 2 PORTIONEN

2 EL Mandeln
2 EL Haselnüsse
125 ml Wasser
1 Banane
1 TL Zucker
2 TL ungesüßter Kakao
1 Prise Salz
2–3 EL Chia-Samen
1 TL Baobabpulver nach Geschmack

- Mandeln und Nüsse für einige Stunden in Wasser einlegen.
- Mandeln und Nüsse abgießen und mit frischem Wasser, Banane, Zucker, Kakao und Salz im Mixer mixen.
- Chia-Samen unterrühren, in ein Glas füllen und zugedeckt über Nacht im Kühlschrank quellen lassen (die erste halbe Stunde öfter umrühren). Sollte die Masse zu dünn bleiben, um auf dem Brot zu bleiben, dann eventuell noch 1 TL Baobabpulver einrühren und nochmals kurz quellen lassen.

BROMBEERFRÜHSTÜCK

FÜR 2 PORTIONEN

2 EL Chia-Samen
150 ml Orangensaft
300 g griechischer Joghurt
Zucker, Honig oder eine Zucker-
alternative nach Geschmack
2 Handvoll frische Brombeeren, mit
der Gabel leicht angedrückt
2 TL Kakaopulver

- Chia in den Orangensaft rühren, zugedeckt im Kühlschrank über Nacht quellen lassen, die erste halbe Stunde ab und zu umrühren.
- Am nächsten Morgen den Joghurt mit dem Zucker cremig rühren. Joghurt in Frühstücksschalen füllen und den Orangen-Chia darübergeben. Mit Brombeeren garnieren, mit Kakao bestauben und servieren.

RUCKZUCK-MARMELADE

FÜR 1 KLEINES GLAS
2 EL Chia-Samen
4 EL Wasser
100 g frische Erdbeeren
1 EL Birkenzucker (wenn notwendig)

- Die Chia-Samen mit dem Wasser vermengen und 10 Minuten kühl stellen.
- Alle Zutaten in einen Mixer geben und 1–2 Minuten mixen, bis eine cremige Masse entsteht. Nochmals 10 Minuten quellen lassen.
- In ein kleines verschließbares Glas füllen und kühl lagern.

GESUNDER BROTAUFSTRICH

FÜR 2 PORTIONEN
100 ml Mandelbutter (oder eine andere Nussbutter)
50 ml Ahornsirup
1 EL Chia-Samen
2 EL Kakaopulver

- Alle Zutaten zusammenrühren und im Kühlschrank quellen lassen.

> Dieser Aufstrich hält kühl gelagert zwei Wochen und ist eine gesunde Alternative zu Nutella & Co.

Ruckzuck-Marmelade

Peach-Jam mit Schwips

PEACH-JAM MIT SCHWIPS

FÜR 1 GROSSES GLAS
400 g reife Pfirsiche, geschält
2 TL Ahornsirup
1 Schuss Amaretto
2 EL Chia-Samen

- Pfirsichstücke, Ahornsirup und Amaretto nach Geschmack im Mixer fein pürieren. Die Chia-Samen unterrühren und die Marmelade zugedeckt für mindestens eine Stunde im Kühlschrank quellen lassen.
- In ein verschließbares Glas füllen und kühl aufbewahren.

FRISCHE MANGOMARMELADE

FÜR 1 GLAS
1 Mango, geschält
2 EL Chia-Samen

- Mango vom Kern befreien und das Fruchtfleisch pürieren. Mit den Chia-Samen vermengen und für mindestens 10 Stunden im Kühlschrank kalt stellen.
- Marmelade in ein verschließbares Glas füllen und kühl lagern. Hält mindestens eine Woche.

> Wenn's ein bisschen süßer sein soll, einfach mit einem Esslöffel Honig oder Zucker oder mit Stevia nach Geschmack süßen.

MATCHA-CHIA-PUDDING

FÜR 2 PORTIONEN

4 EL Chia-Samen
250 ml Mandelmilch
1 EL Matchapulver
Mark von 1 Vanilleschote
Ahornsirup, nach Geschmack
1 Handvoll Himbeeren oder Obst nach
  Wahl

- Die Chia-Samen mit der Mandelmilch, dem Matchapulver, dem Vanillemark und dem Ahornsirup verrühren. Die Mischung für mindestens zwei Stunden im Kühlschrank quellen lassen.
- Vor dem Servieren mit dem Stabmixer pürieren, in Dessertgläser füllen, mit Himbeeren garnieren.

BEERENGELEE

FÜR 1 GROSSES GLAS

100 g reife Brombeeren
100 g reife Heidelbeeren
100 g reife Himbeeren
2 Spritzer Zitronensaft
4 EL Chia-Samen
ev. etwas Stevia zum Süßen

- Die Beeren mit dem Zitronensaft im Mixer pürieren, bis sie flüssig sind.
- Abseihen, sodass ein klarer Saft bleibt, ev. mit Stevia süßen.
- Die Chia-Samen untermengen und zugedeckt im Kühlschrank für mindestens 4 Stunden (besser über Nacht) quellen lassen. In der ersten halben Stunde ein paarmal durchrühren.
- In ein verschließbares Glas füllen und kühl aufbewahren.

Matcha-Chia-Pudding

HASELNUSSPUDDING

FÜR 2 PORTIONEN
1 EL Baobabpulver
1 TL Kokosblütenzucker
300 ml Haselnussmilch
3 EL Chia-Samen
½ Mango, geschält
1 Handvoll Gojibeeren

- Baobabpulver mit dem Kokosblütenzucker gründlich in die Haselnussmilch einrühren. Die Chia-Samen hinzugeben und mindestens 20 Minuten im Kühlschrank quellen lassen – dazwischen immer wieder gut umrühren.
- Die Mango vom Kern befreien, pürieren und 2 Teelöffel voll für die Garnitur zur Seite stellen. Den Rest in den Pudding einrühren.
- In Dessertgläser füllen, mit einem Kaffeelöffel Mangomus und Gojibeeren garniert servieren.

LUCUMAPUDDING

FÜR 2 PORTIONEN

4 EL Chia-Samen
220 ml Hafermilch
1 TL Lucuma
1 Apfel, klein gewürfelt
2 EL Dinkelcrunch
2 EL grob gehackte Mandeln

- Chia, Hafermilch und Lucuma in eine Schüssel geben und zugedeckt mindestens 20 Minuten im Kühlschrank quellen lassen.
- Die Apfelstücke in zwei bauchige Gläsern füllen, jeweils einen Esslöffel Dinkelcrunch darüber verteilen.
- Mit dem Pudding auffüllen und mit den gehackten Mandeln garniert servieren.

BEERENPUDDING

FÜR 4 PORTIONEN

150 g frische Heidelbeeren
200 ml Magermilch-Joghurt
Mark 1 Vanilleschote
4 EL Chia-Gel
Stevia nach Geschmack

- Beeren mit einer Gabel grob zerdrücken und mit dem Joghurt und dem Vanillemark ins Chia-Gel einrühren. Nach Geschmack süßen.

MANGO-KOKOSNUSS-PUDDING

FÜR 4 PORTIONEN

150 ml Kokosmilch
150 ml ungesüßte Mandelmilch
1 große, reife Mango, geschält, in
   mundgerechten Stücken
4 TL Chia-Samen
2 TL Kokosflocken
Stevia oder Agavensirup
nach Geschmack
4–6 frische Minzblättchen

- Alle Zutaten in einer Schüssel gut verrühren und zugedeckt im Kühlschrank für mindestens 6 Stunden kühl stellen.
- Die Minzblättchen entfernen.
- In vier Dessertschalen füllen und gekühlt servieren.

WINTERPUDDING

FÜR 2 PORTIONEN
300 ml Reismilch
1 TL Zimtpulver
2 EL Chia-Samen
2 TL Ahornsirup
1 Vanilleschote
½ Mango,
in mundgerechten Stücken
1 Handvoll Heidelbeeren

- Reismilch, Zimt, Chia-Samen und Ahornsirup in einer Schale gut verrühren.
- Die Vanilleschote längs aufschneiden, das Mark auskratzen und in die Milch rühren. Die Schote in die Milch legen. Mit einer Frischhaltefolie verschließen und über Nacht im Kühlschrank quellen lassen.
- Am nächsten Tag die Schote entfernen und den Pudding kurz aufrühren.
- Die Mango und die Heidelbeeren unterheben und mit Zimt bestreut servieren.

BANANENPUDDING

FÜR 2 PORTIONEN
3 EL Chia-Samen
400 ml Mandelmilch
1 Banane
1 Handvoll Himbeeren (oder Beeren
   nach Wahl)
2 TL Hanf-Samen

- Die Chia-Samen mit der Mandelmilch vermengen und ein paar Stunden (am besten über Nacht) zugedeckt im Kühlschrank quellen lassen.
- Vor dem Servieren die Banane in Stücken untermengen und mit der Gabel im Pudding zerdrücken. Mit Beeren und Hanf garnieren.

Winterpudding

COOKIE-PUDDING

FÜR 4 PORTIONEN
3 EL Chia-Samen
200 ml Mandelmilch
1 Granatapfel
4–8 Cookies, je nach Größe
200 ml Magerjoghurt
Stevia nach Geschmack
1 Handvoll Beeren nach Belieben

- Die Chia-Samen in die Mandelmilch einrühren, gut verrühren und mindestens zwei Stunden im Kühlschrank quellen lassen, dabei die erste halbe Stunde zwei-, dreimal umrühren.
- In der Zwischenzeit die Granatapfelkerne aus der Frucht lösen. Dazu die Granatapfelschale wie eine Orange einschneiden, anschließend so auseinanderbrechen, dass sich die Schale konvex verbiegen lässt und die Kerne herausstehen. Nun lassen sie sich leicht aus ihrem Gehäuse lösen, ohne die Küche in ein Schlachtfeld zu verwandeln.
- Den Chia-Pudding auf vier Dessertgläser verteilen. Die Cookies grob mit den Fingern zerkrümmeln und darüber streuen. Den Joghurt nach Geschmack mit Stevia süßen und mit einem Löffel über die Cookies streichen.
- Mit den Beeren und den Granatapfelkernen großzügig bestreut servieren.

Granatapfeldessert

GRANATAPFELDESSERT

FÜR 2 PORTIONEN

100 ml Granatapfelsaft
2 EL Chia-Samen
200 ml griechischer Joghurt
2 EL Pistazien,
geschält, grob gehackt
Granatapfelkerne

- Den Granatapfelsaft mit den Chia-Samen verrühren und über Nacht im Kühlschrank quellen lassen. In der ersten halbe Stunde ein paarmal umrühren.
- Am nächsten Tag die Chia-Mischung gut mit dem Joghurt verrühren, in Dessertgläser verteilen und mit Pistazien sowie Granatapfelkernen (siehe Rezept Cookie-Pudding, S. 90) bestreuen.

MOHNPARFAIT

FÜR 4 PORTIONEN

140 g Mohn
250 ml Mandelmilch
100 g Birkenzucker
1 Zimtstange
2 EL Chia-Samen
10 ml Rum
2 EL Rohrzucker
5 Eigelb
250 ml Schlagobers (Schlagsahne)

- Den Mohn in der Milch verrühren und zum Kochen bringen. Birkenzucker, die Zimtstange, Chia-Samen und den Rum einrühren und bei geringer Hitze 20 Minuten köcheln lassen. Den Zimt entfernen, überkühlen lassen.
- Das Eigelb mit dem Zucker schaumig rühren, die Mohnmasse unterrühren und alles abkühlen lassen.
- Das Parfait zugedeckt für mindestens 2 Stunden in den Tiefkühlschrank stellen und alle 30 Minuten umrühren.

CHIA-CHAI-PUDDING

FÜR 2 PORTIONEN

3 EL Chia-Samen
2 EL Mandelmus
300 ml Wasser
3 Datteln
¼ TL gemahlene Vanille
½ TL Zimtpulver
¼ TL Kardamompulver
½ TL Kurkumapulver
¼ TL Ingwerpulver
etwas Muskatnuss, frisch gerieben

- Alle Zutaten in einem Mixer cremig pürieren.
- Die Masse in Dessert-Schälchen füllen und zugedeckt mindestens 5 Stunden in den Kühlschrank stellen.
- Mit etwas Zimt bestreut servieren.

KIRSCHPARFAIT

FÜR 6 PORTIONEN

Für den Pudding

80 g Chia-Samen
740 ml Mandelmilch
1 TL Honig
2 TL Vanilleextrakt
150 g Kirschen, entsteint,
   klein gewürfelt

Für die Creme

150 g Kirschen, entsteint, halbiert
100 g Cashewkerne, in Wasser eingelegt, mindestens 3 Stunden oder die ganze Nacht
1 TL Vanilleextrakt
2 TL Honig

- Für den Pudding alle Zutaten gut verrühren und mindestens 2 Stunden in den Kühlschrank stellen. Die erste halbe Stunde öfter umrühren.
- Für die Creme die Kirschen zu einem Mus pürieren. Die Cashewkerne dazu geben und zu einer homogenen Creme pürieren. Mit Honig und Vanille abschmecken.
- Pudding in Dessertgläser füllen und mit Creme bedecken.
- Vor dem Servieren für 1 Stunde in den Kühlschrank stellen.

Chia-Chai-Pudding

4-LAGEN-PUDDING

FÜR 4-6 PORTIONEN

Für die Schokolage
1 EL Kakaopulver
4 TL Zucker
1 Prise Zimtpulver
2 EL Chia-Samen
200 ml Hafermilch

Für die Himbeerlage
1 Tasse frische Himbeeren
40 ml Hafermilch
1 Prise Zucker nach Bedarf
2 EL Chia-Samen

Für die Joghurtlage
4 EL Magerjoghurt

Für die Kaffeelage
80 ml schwarzer Kaffee, erkaltet
80 ml Sojamilch
200 g Magerjoghurt
Zucker nach Geschmack

Für die Garnitur
6 TL Joghurt
6 Himbeeren

- Für die Schokolage den Kakao mit Zucker, Zimt und Chia mischen. Mit der Milch gut verrühren und zugedeckt mindestens 10 Stunden quellen lassen. In den ersten halben Stunde hin und wieder umrühren.
- Für die Himbeerlage die Beeren mit Milch und Zucker gut pürieren. Die Chia-Samen einrühren und zugedeckt mindestens 10 Stunden im Kühlschrank quellen lassen.
- Für die Kaffeelage alle Zutaten zu verrühren, bis eine cremige Konsistenz entsteht.
- Die Kaffeecreme in vier bis sechs Dessertgläser füllen. Darauf eine dünne Schicht Magerjoghurt verteilen. Die beiden kaltgestellten Puddings nochmals mit dem Stabmixer pürieren und ebenfalls nacheinander in die Gläser schichten.
- Mit einem Klecks Joghurt und mit Himbeeren garnieren.

SCHOKOPUDDING

FÜR 4 PORTIONEN
2–3 EL Chia-Gel
10–14 getrocknete Datteln
4 EL reines Kakaopulver, ungezuckert
1 reife Banane, in Stücken
Himbeeren

- Die Datteln in Wasser mindestens eine Stunde einweichen.
- Datteln abseihen und alle Zutaten in einem Mixer pürieren.
- Den Pudding in Dessertgläser füllen und für ca. 1 Stunde kühl stellen. Mit Himbeeren dekorieren.

HAGEBUTTENPUDDING

FÜR 2 PORTIONEN

200 ml vegane Schokomilch
   (z.B. iChoc)
100 g Hagebuttenmark
50 g Chia-Samen
vegane Schokolade, fein gehackt, nach
   Geschmack
1 Banane, in Scheiben

- Schokomilch, Hagebuttenmark und Chia-Samen vermengen, gut durchrühren und eine halbe Stunde im Kühlschrank quellen lassen, dabei immer wieder etwas umrühren oder durchschütteln, bis die Masse sämig geworden ist.
- Den Pudding in Dessertschalen füllen, mit Agavendicksaft süßen, mit Schokospänen bestreuen und mit Bananenscheiben garniert servieren.

RUCKZUCK-SCHOKODESSERT

FÜR 1 PORTION

150 ml Reismandelmilch
1 TL Chia-Samen
1 TL reines Kakaopulver, ungezuckert

- Alle Zutaten in ein Einmachglas geben (ein Marmeladenglas tut's auch), Deckel gut drauf und 1 Minute gut schütteln.
- Für 15 Minuten in den Kühlschrank stellen, fertig!

SUPERFOOD-SCHOKOLADE

FÜR CA. 6 RIEGELN

500 g Kuvertüre-Drops
2 EL Gojibeeren
2 EL Cashewkerne
3 EL Chia-Samen
2 EL gepuffter Amaranth
2 EL Hanfsamen

- Die Drops im Wasserbad unter Rühren schmelzen lassen (sollte nie über 45 °C erwärmt werden). Die geschmolzene Kuvertüre in Tafelformen füllen. Sollten Sie keine Formen haben, dann auf ein mit Backpapier ausgelegtes Backblech verteilen und Schokobruch machen.
- Alle restlichen Zutaten gleichmäßig über die Schokoriegel streuen. Die Schokolade etwa 10 Minuten in den Kühlschrank stellen und dann weitere 2 Stunden bei Zimmertemperatur durchtrocknen lassen.

FRUCHTIGES DESSERT

FÜR 4 PORTIONEN

2 Äpfel, gewürfelt
400 ml Vanillemilch
4 EL Chia-Samen
Rosenzucker nach Geschmack
1 Kiwi, in Scheiben

- Chia-Samen in die Milch einrühren und ca. 20 Minuten in den Kühlschrank stellen.
- Die Apfelwürfel in Dessertschalen verteilen und den gelierten Chia-Pudding darübergeben.
- Mit einer Prise Rosenzucker süßen und mit Kiwischeiben garniert servieren.

DESSERT MIT JOGHURT UND TOPFEN

FÜR 2 PORTIONEN

50 ml Joghurt
200 g Magertopfen (Magerquark)
Saft von 1 Zitrone
2 EL Honig
200 ml Kokosmilch
2–3 EL Chiasamen
etwas flüssiges Stevia
4 EL Magermilch
1 Tasse frische Himbeeren
1 Handvoll Heidelbeeren

- Den Joghurt mit 125 g Magertopfen, dem Zitronensaft und dem Honig gut verrühren. Etwa 1 Stunde in den Kühlschrank stellen.
- Die Kokosmilch mit den Chiasamen in einer Schüssel vermischen, je nach Geschmack mit Stevia leicht süßen. Mindestens eine halbe Stunde im Kühlschrank quellen lassen. Ab und zu umrühren.
- Den restlichen Magertopfen mit der Milch und 10–12 Himbeeren cremig aufschlagen.
- Die restlichen Himbeeren und ein paar Heidelbeeren mit einer Gabel gut zerdrücken und zu einem Mus verrühren.
- In hohen Gläsern den Beerentopfen, den Zitronenjoghurt, das Beerenmus und den Chia-Kokospudding in Schichten verteilen. Mit Beeren dekorieren.

POWERSPORTRIEGEL

FÜR 12 RIEGEL

100 g Mandeln, gemahlen
30 Kokosraspeln, ungesüßt
½ TL Backpulver
1 Prise Salz
30 g Chia-Gel
60 g Erdnussmus
20 g flüssiger Honig
60 g Quinoa
60 g Cranberrys
1 Ei
1 Handvoll Kürbiskerne,
    grob gehackt

- Quinoa laut Packungsbeilage kochen und abkühlen lassen.
- Backofen auf 180 °C vorheizen.
- Mandeln, Kokos, Backpulver und Salz in einer Schüssel gut vermengen, das Chia-Gel, das Mus, Honig, Quinoa, Cranberrys und das Ei (Veganer lassen das Ei einfach weg) mit einem Löffel unterrühren, bis eine gleichmäßige Masse entsteht.
- Masse auf ein mit Backpapier ausgelegtes Backblech verteilen und mit den Kürbiskernen bestreuen. Im heißen Backofen 25–30 Minuten backen. Die Riegel sind fertig, wenn Ecken und Oberfläche leicht braun sind. Am besten über Nacht im geöffneten Ofen auskühlen lassen.
- Am nächsten Tag Riegel schneiden – zum Mitnehmen am besten in Backpapier einschlagen.

FRUCHTIGE NUSSRIEGEL

FÜR CA. 12 RIEGEL

170 g Datteln, entkernt
50 g getrocknete Apfelscheiben
50 g getrocknete Marillen
50 g getrocknete Berberitzen (oder
   Rosinen)
50 g Chia-Samen
50 g Mandeln
50 g Walnüsse
50 g Cashew-Kerne
20 g Sonnenblumenkerne

- Alle Zutaten in der Küchenmaschine zu einer klebrigen Masse verarbeiten.
- Ein Backblech oder großes Brett mit Backpapier auslegen und die Masse darauf verteilen. Einen weiteren Bogen Backpapier darüberlegen und mit einem Nudelholz die Masse rund 1 cm dick ausrollen.
- Das obere Papier entfernen und die Masse ein paar Stunden trocknen lassen. In gleichmäßige Riegel schneiden.

Beerentraum

BEERENTRAUM

FÜR 4 PORTIONEN

8 EL Chia-Samen
500 ml Mandelmilch
100 g frische Himbeeren, mit der
   Gabel leicht gequetscht
1 Prise Zucker
Mark von 1 Vanilleschote
100 g frische Heidelbeeren
1 Granatapfel

- Die Chia-Samen mit der Mandelmilch, den Himbeeren, dem Zucker und dem Vanillemark gut verrühren und mindestens 2 Stunden im Kühlschrank quellen lassen.
- Vor dem Servieren nochmals kurz durchrühren und mit Heidelbeeren und Granatapfelkernen (siehe S. 90, Kerne aus der Frucht holen) garnieren.

MILCHREISSCHNITTEN

FÜR 12 SCHNITTEN

1 l Reismilch
250 g Rundkornreis
1 Prise Salz
30 g Vollrohrzucker
2 EL Agavendicksaft
Chia-Samen nach Bedarf
1 Handvoll Trockenfrüchte (Bananen,
   Beeren …), in Stücken
1 Handvoll Mandeln, grob gehackt

- Die Milch erwärmen, den Reis einrühren, kurz aufkochen lassen und auf geringer Flamme köcheln lassen.
- Salz, Zucker und Agavendicksaft einrühren, öfter umrühren. Wenn die Masse etwas zäher wird, den Chia-Samen einrühren.
- Den Backofen auf 180 °C Ober- und Unterhitze vorheizen.
- Ein Backblech mit Backpapier auslegen. Die Masse darauf gleichmäßig etwa 1 cm hoch verteilen und mit Früchten und Mandeln bestreuen. Mit der Hand andrücken.
- 30 Minuten im heißen Ofen goldbraun backen. Abkühlen lassen.
- In Riegelform schneiden und in Backpapier einschlagen.

BEERENTOPFEN

FÜR 2 PORTIONEN

2 EL Chia-Samen
4 EL Sojamilch
5 EL Kokosmilch
1 Prise Vanille aus der Mühle
30 g Birkenzucker
1 Becher Magertopfen (Magerquark)
1 Schale Himbeeren (TK oder frisch)

- Die Chia-Samen mit der Sojamilch und 3 EL der Kokosmilch verrühren und ca. 30 Minuten im Kühlschrank quellen lassen.
- In einer zweiten Schale den Topfen mit der restlichen Kokosmilch, Vanille und Birkenzucker verrühren, bis die Masse eine cremige Konsistenz hat. Sollte sie zu dickflüssig sein, mit Kokosmilch verdünnen.
- Die Himbeeren mit der Gabel zerdrücken und alle Zutaten nach Belieben in drei bis vier Dessertgläser schichten und servieren. Der Beerentopfen hält gut gekühlt etwa 4 Tage.

HAFERPLÄTZCHEN

FÜR CA. 40 STÜCK

100 g Walnüsse
200 g dunkle Schokolade
100 g Vollrohrzucker
2 TL Vanillezucker
140 g Butter
1 Chia-Ei (siehe S. 28, Kasten)
100 g Dinkelmehl
250 g Haferkleie
1 TL Zimtpulver
½ TL Backpulver
1 Prise Salz

- Walnüsse in einer beschichteten Pfanne ohne Fett einige Minuten anrösten, auskühlen lassen und in der Küchenmaschine nicht zu fein mahlen. Schokolade hacken.
- Zucker, Vanillezucker und Butter zusammen schaumig schlagen. Chia-Ei darunter mischen.
- Mehl, Kleie, Zimt, Backpulver und Salz in einer zweiten Schüssel vermischen und unter die Buttermischung kneten.
- Backofen auf 180 °C Umluft vorheizen.
- Aus dem Teig kleine Kugeln formen, auf zwei mit Backpapier ausgelegten Blechen flachdrücken und ca. 15 Minuten backen.

CHIA-PRALINEN

FÜR CA. 20 STÜCK

400 g Haferflocken, fein
200 g Kokosflocken
50 g Mandelsplitter
50 g Chia-Samen
2–4 EL Mandelmilch
100 g Nussmus
50 ml Agavensirup

- Die Hafer- und Kokosflocken, Mandelsplitter und Chia-Samen mischen und mit Mandelmilch, Mus und Sirup gut vermengen.
- Kleine Bällchen formen und auf Backpapier legen. Die Plätzchen für etwa 4 Stunden in den Kühlschrank stellen.

Haferplätzchen

Erdnuss-Cookies

ERDNUSS-COOKIES

FÜR CA. 12 STÜCK

50 g Mehl
1 TL Backpulver
110 g Haferflocken
4 TL Chia-Samen
70 g Butter, weich
90 g brauner Zucker
180 g Erdnussbutter
2 Eier
1 TL Vanillepulver
120 g dunkle Schokolade,
  in kleinen Stücken

- Backofen auf 180 °C Ober- und Unterhitze vorheizen, ein Backblech mit Papier auslegen.
- In einer Schüssel das Mehl mit dem Backpulver gut vermischen, dann Haferflocken und Chia-Samen unterrühren.
- In einer zweiten Schüssel Butter und Zucker schaumig rühren und die Erdnussbutter, Eier und Vanille gut untermischen. Dann langsam die Hafermischung unterrühren. Zuletzt die Schokostücke untermengen.
- Kleine Kugeln formen, auf das Papier geben und flach drücken. Etwa 12 Minuten goldbraun backen.

SCHOKO-COOKIES

FÜR CA. 12 STÜCK

100 g Haferflocken
2 reife Bananen
3 Datteln
40 g vegane Schokolade (85 %),
  fein gehackt
4 EL Kakaopulver
2 EL Cranberrys
4 EL Chia-Gel
30 g Mandeln, gehackt

- Backofen auf 160 °C Ober- und Unterhitze vorheizen.
- Alle Zutaten im Mixer zu einem festen Teig vermengen – ev. noch mit den Händen so lange kneten, bis ein kompakter Teig entsteht. Den Teig eine halbe Stunde im Kühlen ruhen lassen.
- Ein Backblech mit Papier auslegen. Kleine Kugeln formen und auf dem Papier flachdrücken. Wer mag, kann die Cookies mit Schokostreuseln bestreuen. Im Ofen etwa 20 Minuten backen.

SCHOKO-KOKOS-PLÄTZCHEN

FÜR CA. 20 STÜCK

140 g Haferflocken
4 reife Bananen
60 g Zartbitterschokolade, gehackt
4 EL Rosinen
6 EL Chia-Gel
40 g Kokosraspeln

- Backofen auf 180 °C Ober- und Unterhitze vorheizen.
- Die Bananen zerstampfen und mit den restlichen Zutaten zu einem Teig vermengen.
- Ein Backblech mit Backpapier auslegen und aus dem Teig kleine Plätzchen formen. Etwa 18 Minuten backen, bis sich der Rand leicht bräunt.

BEERIGE PALATSCHINKEN OHNE MEHL

FÜR 3 PORTIONEN

2 Bananen, in Stücken
4 große Eier
3 EL Chia-Samen
etwas Zimtpulver
1 Handvoll frische Heidelbeeren
etwas Kokosöl
etwas Ahornsirup

- Die Bananenstücke mit Eiern und Chia verrühren und mit einem Kartoffelstampfer gut zerstampfen. Etwas Zimt und die Heidelbeeren untermengen.
- In einer beschichteten Pfanne etwas Kokosöl leicht erhitzen. Den Teig portionsweise in das heiße Fett gießen und die Pfanne schwenken, bis eine dünne Palatschinke entsteht. Wenn eine Seite goldbraun ist, dann vorsichtig wenden und schön bräunen lassen. Den Vorgang dreimal wiederholen.
- Mit Ahornsirup beträufelt servieren.

Schoko-Kokos-Plätzchen

PFANNKUCHEN MIT GERÖSTETEN ERDBEEREN

FÜR CA. 15 STÜCK

200 g frische Erdbeeren, in Hälften
  geschnitten
Saft 1 Zitrone
2 TL Kristallzucker
190 g glattes Mehl
Zesten von 2 Biozitronen
1 EL brauner Zucker
2 TL Backpulver
1 TL Natron
1 Prise Salz
300 ml Buttermilch
1 TL Vanilleextrakt
2 Eier
50 g Butter, geschmolzen
3 EL Chia-Samen

- Backrohr auf 190°C Ober- und Unterhitze vorheizen.
- Die halbierten Beeren in eine ofenfeste Form geben und mit 1 EL Zitronensaft und Kristallzucker mischen. Auf mittlerer Schiene 20 Minuten rösten, kurz umrühren und noch einmal 10 Minuten rösten.
- Währenddessen Mehl, Zesten, braunen Zucker, Backpulver, Natron und Salz in einer Schüssel gut vermengen.
- In einer weiteren Schüssel aus Buttermilch, restlichem Zitronensaft, Vanilleextrakt, Eiern und der Butter eine homogene Masse rühren.
- Die trockenen Zutaten zu den flüssigen geben und kurz umrühren – nicht zu lang, damit sich kein Gluten bildet und die Pfannkuchen luftig bleiben. Am Ende die Chia-Samen unterrühren.
- Die Pfannkuchen in einer Pfanne in ein bisschen Butter einzeln ausbacken, pro Seite dauert es etwa 2 Minuten, bis sie schön gebräunt sind. Die Pfannkuchen mit den gerösteten Erdbeeren übergießen und servieren.

ZITRONENMUFFINS

FÜR 12 STÜCK
85 g Kristallzucker
2 Eier
115 g Butter, weich
1 TL Zitronenzesten
250 g Mehl
2 TL Backpulver
1 TL Natron
1 Prise Salz
2 EL Chia-Samen
120 ml Milch
4 TL Zitronensaft
1 Pkg. Zitronenpudding

Für den Zuckerguss
etwas Staubzucker
3–4 TL Zitronensaft

- Backofen auf 190 °C Ober- und Unterhitze vorheizen.
- Den Zucker mit den Eiern schaumig rühren, die Butter und die Zesten untermengen. In den glattgerührten Teig die restlichen Zutaten unterrühren.
- Masse gleichmäßig in Muffin-Förmchen verteilen und etwa 15 Minuten backen.
- In der Zwischenzeit aus Staubzucker und ein paar Spritzern Zitronensaft einen Zuckerguss anrühren. Sobald die Zitronenmuffins fertig gebacken sind, Zuckerguss darüberträufeln, trocknen lassen.

CHIA-TÖRTCHEN

FÜR 2 PORTIONEN

Für den Boden
60 g Mandeln
2 EL Chia-Samen
5 große Datteln, entkernt

Für die Creme
1 weiche Avocado, geschält, entkernt
3 große EL Haselnussaufstrich
1 großer EL Kakaopulver
etwas Agavendicksaft
1 Prise Salz
¼ TL Vanillepulver

Für die Schokocreme
1 Banane
1 ½ EL Kakakaopulver
1 EL Haselnüsse, grob gehackt

Für den Belag
1 Handvoll Heidelbeeren

- Für den Boden alle Zutaten im Mixer zu einer noch leicht groben Masse verarbeiten und in 2 Dessertringe als Boden drücken.
- Für die Creme alle Zutaten fein mixen, auf die beiden Böden verteilen und für mindestens 30 Minuten tiefkühlen.
- Für die Schokocreme die Banane mit dem Kakao fein mixen, Nüsse zugeben und zu groben Stücken verarbeiten. Die Crunch-Schoko-Creme obendrauf verteilen und mit Heidelbeeren belegen.

TOPFENTORTE

**FÜR 1 TORTENFORM
(26 CM DURCHMESSER)**

Für den Boden

210 g Mehl
40 g Chia-Mehl
1 EL Chia-Samen
1 Ei
120 g Kokosfett
50 g Birkenzucker
1 Prise Salz

Für den Belag

1 kg Magertopfen (Magerquark)
90 g Mehl
150 g Birkenzucker
10 g Honig
5 Eier, getrennt
250 ml Milch
130 g Butter, geschmolzen

- Für den Boden die Zutaten zu einem Mürbeteig verkneten. Eine Form mit Backpapier auslegen und den Teig einfüllen.
- Backofen auf 180 °C Ober- und Unterhitze vorheizen.
- Für den Belag das Eigelb mit den übrigen Zutaten vermengen. Das Eiweiß steif schlagen und vorsichtig unter die Topfenmasse heben. Den Belag in der Form auf den Teig verteilen.
- Den Kuchen im heißen Backofen ca. 1 Stunde backen, bis er an der Oberfläche goldbraun ist.
- Für die Sauce die Beeren und die Chia-Samen pürieren und mit Honig abschmecken.
- Den Kuchen abkühlen lassen und mit der Sauce servieren.

Eine beerige Sauce schmeckt zu der Topfentorte ganz besonders gut. Dazu 150 g Beeren nach Wahl mit dem Stabmixer pürieren. 2 EL Chia-Samen einrühren, ev. mit Honig abschmecken und 20 Minuten in den Kühlschrank geben – öfters umrühren. Als Spiegel zur Torte servieren.

JOGHURTMUFFINS

FÜR 18 STÜCK

150 g zarte Haferflocken
65 g Walnüsse, gehackt
2 TL Backpulver
¼ TL Natron
2 TL Chia-Samen
2 Eier
1 Eiweiß
60 ml Ziegenmilchjoghurt
500 ml Apfelsaft
4 TL Kokosnussöl
1 ½ TL Zimtpulver
½ TL Vanilleextrakt
75 ml Honig
2 große Äpfel, geraspelt
2 reife Bananen, zerdrückt

- Backofen auf 180 °C Ober- und Unterhitze vorheizen.
- Die Haferflocken mehlfein mahlen. Walnüsse zugeben und weitermahlen. Die Mehle mit Backpulver, Natron und Chia-Samen mischen.
- In einer anderen Schüssel die Eier und das Eiweiß leicht aufschlagen und Joghurt sowie Apfelsaft unterrühren.
- In einem Topf Kokosnussöl, Zimt, Vanilleextrakt und Honig vorsichtig erhitzen, bis die Masse sirupartig wird. Mit der Eimasse vermengen und alles zum Haferflocken-Mix in die große Schüssel geben.
- Äpfel und Banane vorsichtig unterheben. Die Masse auf Muffinförmchen verteilen und ca. 40 Minuten backen. Mit Zimt bestauben.

SCHWARZE-BOHNEN-PLÄTZCHEN

FÜR CA. 20 STÜCK

2 EL Chia-Samen
4 EL Ahornsirup
2 EL Kokosöl
100 g vegane Zartbitterschokolade
300 g schwarze Bohnen, gekocht
1 EL Kakaopulver
2 EL Chia-Gel
1 EL Mandelmus
½ TL Vanille, gemahlen
½ TL Zimtpulver
1 Prise Salz
50 g Nüsse nach Geschmack, gehackt
1 EL Buchweizen
10 Mandeln, grob gehackt

- Chia-Samen mit Ahornsirup und 3 EL Wasser 20 Minuten quellen lassen.
- Backofen auf 175 °C Ober- und Unterhitze vorheizen.
- Kokosöl mit Schokolade im Wasserbad schmelzen. Die Bohnen mit der geschmolzenen Schokolade, Kakao, Chia-Gel, Mandelmus und den Gewürzen im Mixer pürieren. Die Nüsse und den Buchweizen unterrühren.
- Aus dem Teig eine Rolle formen und mit einem Messer in ½ cm dicke Scheiben scheiden. Die Scheiben auf ein mit Backpapier ausgelegtes Blech legen, mit Mandelsplittern bestreuen und etwa 30 Minuten backen.

SAFTIGE BROWNIES

FÜR 1 KUCHENBLECH

100 g Zucchini, geschält und gerieben
80 g Ribiselmarmelade (Johannisbeer-
  marmelade)
270 ml Wasser
1 TL Vanillezucker
3 EL Chia-Samen
115 ml Sonnenblumenöl
60 g Kakaopulver
150 g Roggenvollkornmehl
½ TL Salz
½ TL Backpulver
130 g Vollrohrzucker
1 Handvoll Ribiseln (Johannisbeeren)
100 g vegane weiße Kuvertüre
ev. einige Blüten zum Verzieren

- Zucchini, Marmelade, Wasser, Vanillezucker, Chia-Samen und Sonnenblumenöl miteinander vermischen, bis diese Zutaten zu einer zähen Gelmasse geworden sind. Etwa 10 Minuten quellen lassen.
- Backofen auf 180 °C Ober- und Unterhitze vorheizen.
- In einer zweiten Schüssel Kakaopulver, Mehl, Salz, Backpulver und Zucker gut durchmischen. Diese Zutaten zur Gelmasse geben und mit einem Handmixer gut rühren, bis ein schöner, nicht ganz flüssiger Teig entsteht (wenn der Teig zu flüssig ist, ein bisschen Mehl unterrühren).
- Den Teig in eine Brownie-Form (oder auf ein mit Backpapier ausgelegtes Blech) geben. Die entstielten Ribiseln auf dem Teig verteilen. Den Kuchen etwa 35–40 Minuten backen und auskühlen lassen.
- Die weiße Kuvertüre im Wasserbad schmelzen und mit einem Löffel über dem Kuchen verteilen. Mit Ribiselreben garnieren.

SCHOKOKUCHEN

FÜR 1 BACKFORM (17 X 24 CM)

Für den Boden
10 Datteln, in etwas warmem Wasser
   eingeweicht
2 EL Kokosöl
100 g Kakaopulver
200 g Haselnüsse, fein gemahlen
200 g Kokosraspeln
2 EL Chia-Samen
1 TL Vanillepulver

Für die Glasur
100 g Kokosöl
50 g Kakao
2–4 EL Zucker oder Reissirup
1 EL Chia-Samen
1 TL Vanillepulver

- Für den Boden die Datteln mit dem Einweichwasser, Kokosöl und Kakaopulver zu einer
  cremigen Masse mixen. Die übrigen Zutaten
  hinzufügen und nochmals gut mixen.
- Eine Backform mit Papier auslegen, die Masse
  darin verteilen und platt drücken.
- Für die Glasur die Zutaten zu einer cremigen
  Masse mixen und gut über den Kuchenboden
  verteilen. Mindestens zwei Stunden im Kühlschrank kalt stellen.

SCHICHTKUCHEN

**FÜR 1 TORTENFORM
(26 CM DURCHMESSER)**

Für den Boden

200 g Paranüsse, fein gehackt
200 Walnüsse, fein gehackt
200 g Cashewkerne, fein gehackt
150 g getrocknete Datteln, fein gehackt
etwas Agavendicksaft

Für die Auflage

6 Bananen, in Stücken
200 g Paranüsse, fein gehackt
100 Agavendicksaft
5 EL Chia-Samen, im Mörser
   angeknackst
1 EL Matcha
Saft von 1 Zitrone

Für die Glasur

150 g reife Avocado, geschält, entkernt
150 g Kakaopulver
100 g Agavendicksaft
etwas Kokosblütenzucker

- Für den Boden die Nüsse mit den Datteln zu einem Teig verkneten. Sollte der Teig krümelig bleiben, mit etwas Agavendicksaft mischen und so lange mit den Händen kneten, bis ein schöner Teig entsteht. In der Kuchenspringform verstreichen und für mindestens zwei Stunden im Kühlschrank kühl stellen.
- Für die Auflage alle Zutaten im Mixer zu einer cremigen Masse verarbeiten und auf dem gekühlten Kuchenboden verteilen. Nochmals für 2 Stunden in den Kühlschrank stellen.
- Für die Glasur das Fleisch der Avocado mit Kakao und Agavendicksaft im Mixer zu einem Teig verrühren, der flüssig genug ist, um auf die Auflage aufgetragen werden zu können, aber fest genug ist, damit die Masse nicht verläuft Mit der Spachtel schön glatt streichen und über Nacht in den Kühlschrank stellen. Mit Kokosblütenzucker bestreuen.

ZITRONENKUCHEN

**FÜR 1 KLEINE TORTENFORM
(24 CM DURCHMESSER)**

115 g Butter, weich
225 g Zucker
2 Eier
1 Biozitrone, Saft und Zesten
180 ml Vanillejoghurt
120 g Weizenmehl, Type 550
1 ½ TL Backpulver
¼ TL Salz
3 EL Chia-Samen
etwas Staubzucker

- In einer Schüssel Butter und Zucker schaumig rühren. Nach und nach die Eier zufügen und weiterrühren. Zitronensaft und Zesten untermengen. Das Mehl mit dem Salz und dem Backpulver gut mischen und unter die Masse rühren. Die Chia-Samen erst in den Joghurt einrühren und das Ganze dann ebenfalls zur Masse fügen. Masse gut kneten, bis ein glatter Teig entsteht. Zugedeckt etwa 10 Minuten ruhen lassen.
- Backrohr auf 200 °C Ober- und Unterhitze vorheizen.
- Eine Kuchenform mit Backpapier auslegen und den Teig gleichmäßig darin verteilen. Den Kuchen etwa 40 Minuten backen.
- Den Kuchen auf ein Gitter stellen, etwas abkühlen lassen. Dann auf einen Teller stürzen und mit etwas Staubzucker bestreuen.

ORANGEN-KOKOS-CAKE-POPS

FÜR 6 STÜCK

Für den Teig
2 EL Birkenzucker
1 Ei
25 g Butter, weich
20 g Chia-Gel
40 g Mandeln, fein gerieben
geriebene Orangenschale

Für das Frosting
2–3 EL Kokosraspeln
1 EL Kokosöl
1 EL Magertopfen (Magerquark)

Für Glasur und Deko
6–7 Cake-Pops-Sticks
weiße Schokolade
Chia-Samen
ein kleines Stück Styropor

- Backofen auf 180 °C Ober- und Unterhitze vorheizen.
- Für den Teig alle Zutaten gut verrühren und etwas stehen lassen, damit das Mandelmehl aufquellen kann.
- Masse in Muffinförmchen aus Silikon füllen und für 20 Minuten backen.
- Nach dem Backen den Kuchen zerbröseln und mit Kokosraspeln, Kokosöl und Topfen vermischen. Aus dieser Masse Kugeln von ca. 3–4 cm Durchmesser formen und für 10 Minuten in das Gefrierfach geben.
- In der Zwischenzeit die Schokolade im Wasserbad schmelzen. Die Kugeln vollständig darin tunken. Mit den Sticks aufspießen und diese vorsichtig in das Styropor stecken. Jede Kugel mit ein paar Chia-Samen dekorieren. Alles für eine halbe Stunde in das Gefrierfach oder mindestens eine Stunde in den Kühlschrank geben.

> **Chia als Butter- und Ölersatz.**
> Ist in traditionellen Rezepten Butter oder Öl angegeben, kann die Hälfte der Menge durch Chia-Gel ersetzt werden.

PANNA COTTA VERDE

FÜR 2 PORTIONEN

250 ml Mandelmilch
30 g Vollrohrzucker
Mark einer ½ Vanilleschote
2 TL Matchapulver
4 TL Chia-Mehl

- Die Milch mit dem Zucker und dem Vanille-mark aufkochen und 10 Minuten ziehen lassen.
- Matchapulver und Chia-Mehl hinzufügen, gut verrühren, 10 Minuten quellen lassen und anschließend in Formen füllen. Mindestens 4 Stunden kühl stellen.
- Zum Stürzen die Formen kurz in heißes Wasser tauchen.

EISSCHLECKER

FÜR 4-6 SCHLECKER
120 ml Kokoswasser
120 ml Mandelmilch
150 g Himbeeren
2–3 EL Chia-Samen
1 EL Kokosraspeln
2 EL Ahornsirup
4–6 flache Holzstäbchen
4–6 Eis-am-Stiel-Formen

- Alle Zutaten gut vermischen und im Kühlschrank etwa 4 Stunden quellen lassen.
- In Eis-am-Stiel-Formen gießen, die Holzstäbchen reinstecken und über Nacht in der Tiefkühlschrank frieren lassen.

BEERENEIS

FÜR 2 PORTIONEN
2 Bananen, in Stücken
4 EL Chia-Gel
etwas Stevia
200 g tiefgekühlte Beeren

- Die Bananenstücke in Gefrierbeutel geben und über Nacht in der Tiefkühlschrank einfrieren.
- Am nächsten Tag das Chia-Gel mit 2–3 EL Wasser, dem tiefgekühlten Obst und ein paar Tropfen Stevia in den Mixer geben und auf der Ice-Crash-Stufe so lange mixen, bis eine homogene Eismasse entstanden ist.

Dieses Eis auf Bananenbasis schmeckt in sehr vielen Varianten wirklich gut. Gibt man statt den Beeren etwa Kakaopulver dazu, ist's ein Schokoeis; mit Kokosflocken wird es zum Kokoseis. Ein gesunder Sommergenuss!

REGISTER